Impressum
Verlag: BABADADA GmbH, Nedderfeld 112 , 22529 Hamburg
Geschäftsführer / Verlagsleitung: Harald Hof
Druck: Books on Demand GmbH, In de Tarpen 42, 22848 Norderstedt

Imprint
Publisher: BABADADA GmbH, Nedderfeld 112 , 22529 Hamburg, Germany
Managing Director / Publishing direction: Harald Hof
Print: Books on Demand GmbH, In de Tarpen 42, 22848 Norderstedt

# la escuela

## σχολείο

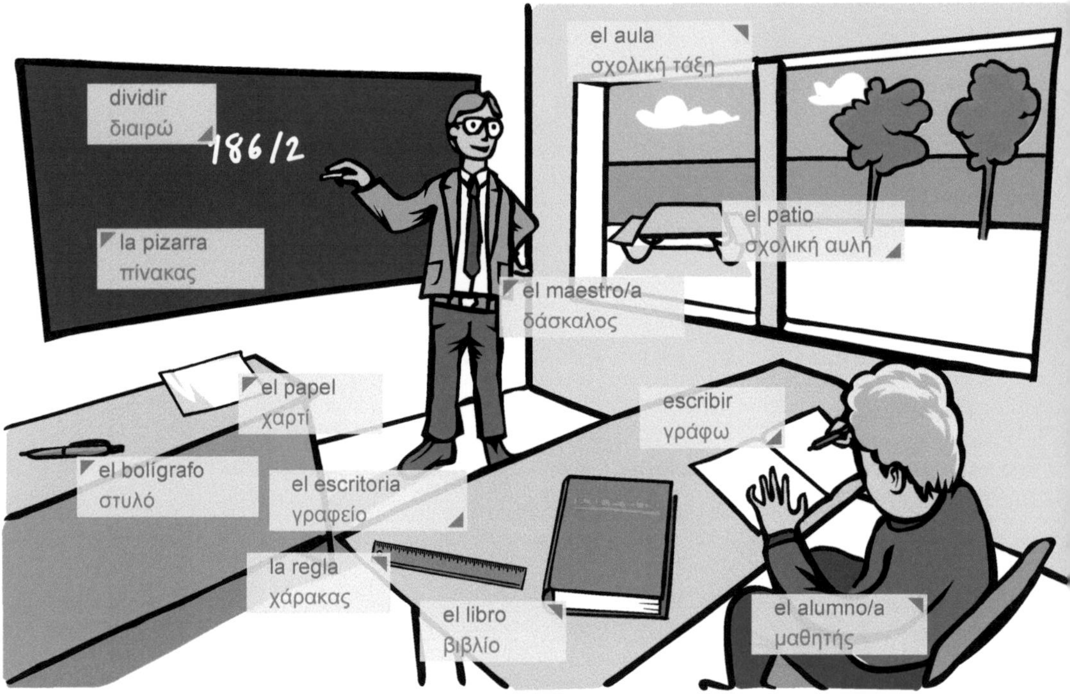

el aula
σχολική τάξη

dividir
διαιρώ

186/2

la pizarra
πίνακας

el patio
σχολική αυλή

el maestro/a
δάσκαλος

el papel
χαρτί

escribir
γράφω

el bolígrafo
στυλό

el escritoria
γραφείο

la regla
χάρακας

el libro
βιβλίο

el alumno/a
μαθητής

la cartera

σχολική τσάντα

la caja de lápices

κασετίνα/ μολυβοθήκη

el lápiz

μολύβι

el sacapuntas

ξύστρα

la goma de borrar

γόμα

el cuaderno de dibujo

μπλοκ ζωγραφικής

el dibujo

ζωγραφική

el pincel

πινέλο

la caja de pinturas

κουτί χρωμάτων

las tijeras

ψαλίδι

el pegamento

κόλλα

el cuaderno de ejercicios

τετράδιο ασκήσεων

los deberes

εργασία για το σπίτι

el número

αριθμός

sumar

προσθέτω

restar

αφαιρώ

multiplicar

πολλαπλασιάζω

calcular

υπολογίζω

la letra

γράμμα

el alfabeto

αλφάβητο

hello

la palabra

λέξη

el texto

κείμενο

leer

διαβάζω

la tiza

κιμωλία

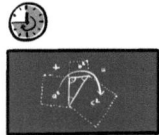

la lección

μάθημα

el cuaderno de notas

εγγράφομαι

el examen

τεστ

el certificado

πιστοποιητικό

el uniforme

μαθητική στολή

la educación

εκπαίδευση

la enciclopedia

εγκυκλοπαίδεια

la universidad

πανεπιστήμιο

el microscopio

μικροσκόπιο

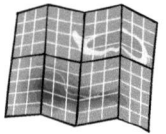

el mapa

χάρτης

la papelera

καλάθι αχρήστων

# el viaje
# ταξίδι

el hotel
ξενοδοχείο
Grand
el albergue
ξενώνας
ROOMS
CHANGE
oficina de cambio de divisas
ταλλακτήρια συναλλάγματος
la maleta
βαλίτσα
el coche
αυτοκίνητο


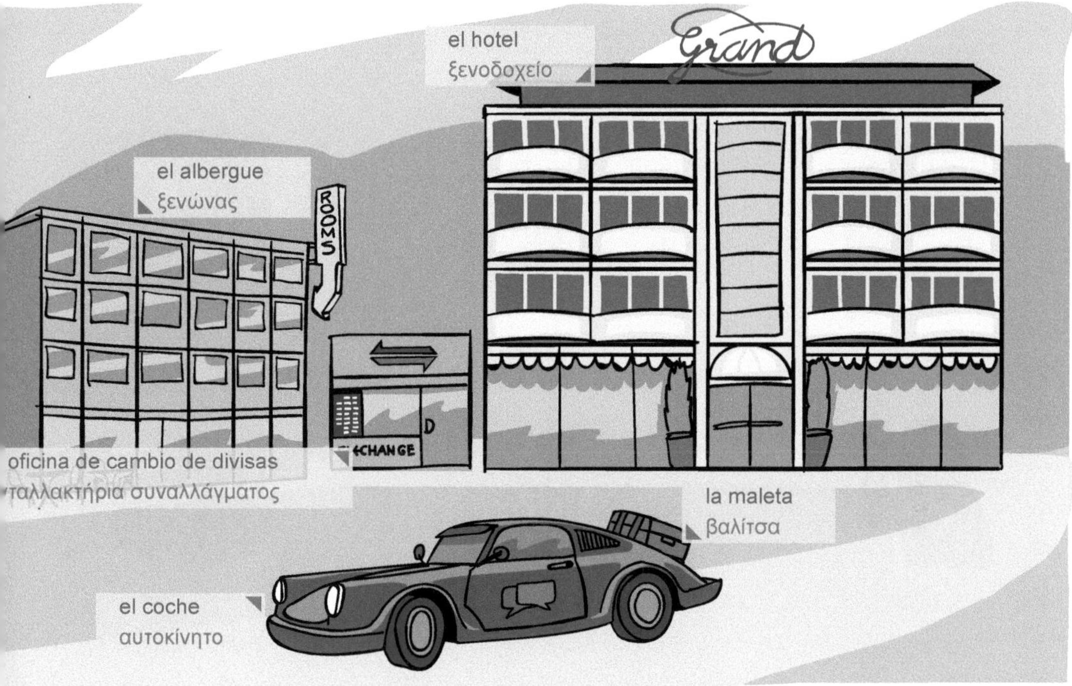

el idioma
γλώσσα

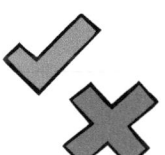

sí / no
ναι / όχι

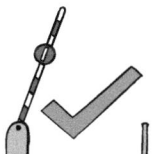

Vale
εντάξει

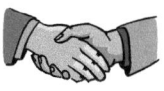

hola
γεια σου

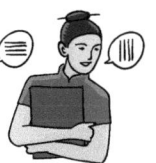

el traductor
μεταφραστής

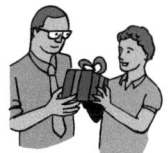

Gracias
Ευχαριστώ

¿cuánto es...?

πόσο κάνει ;

No entiendo

Δε καταλαβαίνω

el problema

πρόβλημα

¡Buenas tardes!

Καλησπέρα!

¡Buenos días!

Καλημέρα!

¡Buenas noches!

Καληνύχτα!

adiós

Αντίο

la dirección

κατεύθυνση

el equipaje

αποσκευές

la bolsa

τσάντα

la mochila

σακίδιο πλάτης

el invitado

καλεσμένος

la habitación

δωμάτιο

el saco de dormir

υπνόσακος

la tienda de campaña

σκηνή

la información turística

τουριστικές πληροφορίες

la playa

παραλία

la tarjeta de crédito

πιστωτική κάρτα

el desayuno

πρωινό

el almuerzo

μεσημεριανό

la cena

δείπνο

el billete

εισιτήριο

el ascensor

ανελκυστήρας

el sello

γραμματόσημο

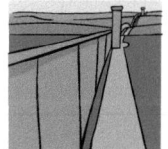

la frontera

σύνορα

la aduana

τελωνείο

la embajada

πρεσβεία

la visa

βίζα

el pasaporte

διαβατήριο

# el transporte
## μεταφορά

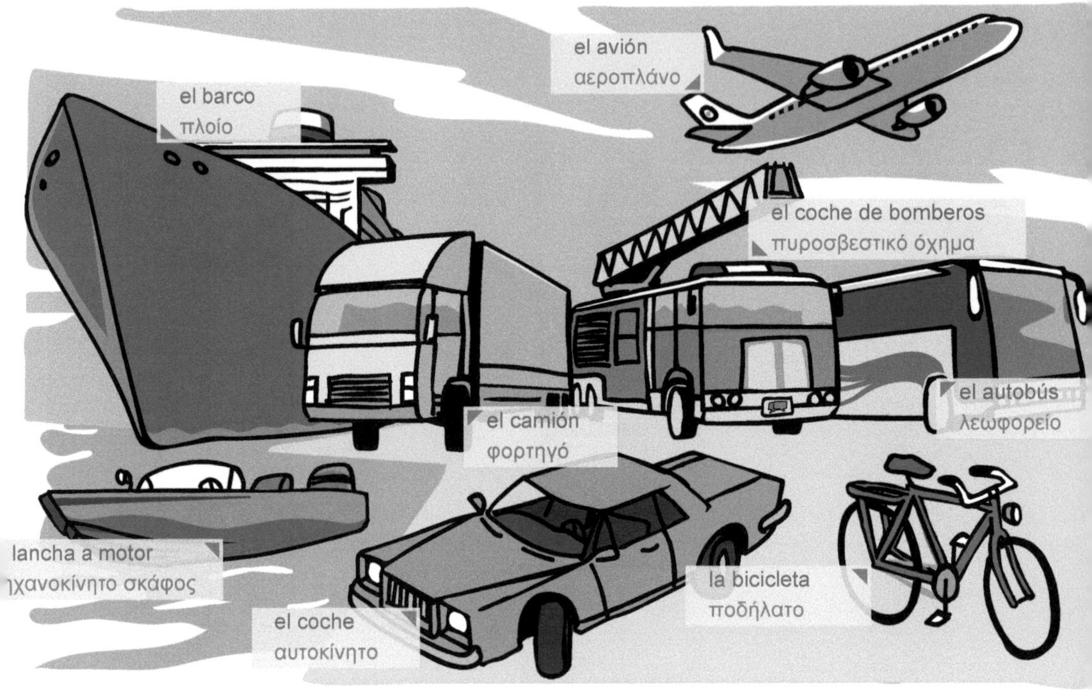

el avión
αεροπλάνο

el barco
πλοίο

el coche de bomberos
πυροσβεστικό όχημα

el autobús
λεωφορείο

el camión
φορτηγό

lancha a motor
μηχανοκίνητο σκάφος

la bicicleta
ποδήλατο

el coche
αυτοκίνητο

el transbordador

φεριμπότ

la barca

βάρκα

la moto

μοτοσικλέτα

el coche de policía

περιπολικό

el coche de carreras

αγωνιστικό αυτοκίνητο

el coche de alquiler

ενοικιαζόμενο αυτοκίνητο

el préstamo de vehículos

διαμοιρασμός αυτοκινήτων

la grúa

γερανός

el camión de la basura

απορριμματοφόρο

el motor

κινητήρας

la gasolina

καύσιμο

la gasolinera

βενζινάδικο

la señal de tráfico

πινακίδα σήμανσης

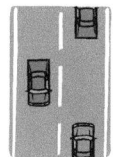

el tráfico

κυκλοφορία

el atasco

κυκλοφοριακή συμφόρηση

el aparcamiento

χώρος στάθμευσης

la estación de tren

σιδηροδρομικός σταθμός

las vías

σιδηροδρομικές γραμμές

el tren

τρένο

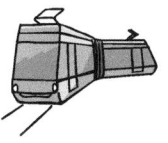

el tranvía

τραμ

el vagón

βαγόνι

el helicóptero

ελικόπτερο

el aeropuerto

αεροδρόμιο

la torre

πύργος

el pasajero

επιβάτης

el contenedor

εμπορευματοκιβώτιο

la caja de cartón

χαρτοκιβώτιο

la carretilla

καρότσι

la cesta

καλάθι

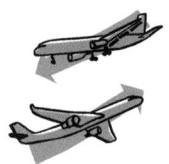

despegar / aterrizar

απογειώνομαι /
προσγειόνομαι

## la ciudad

## πόλη

el pueblo

χωριό

el centro de la ciudad

κέντρο της πόλης

la casa

σπίτι

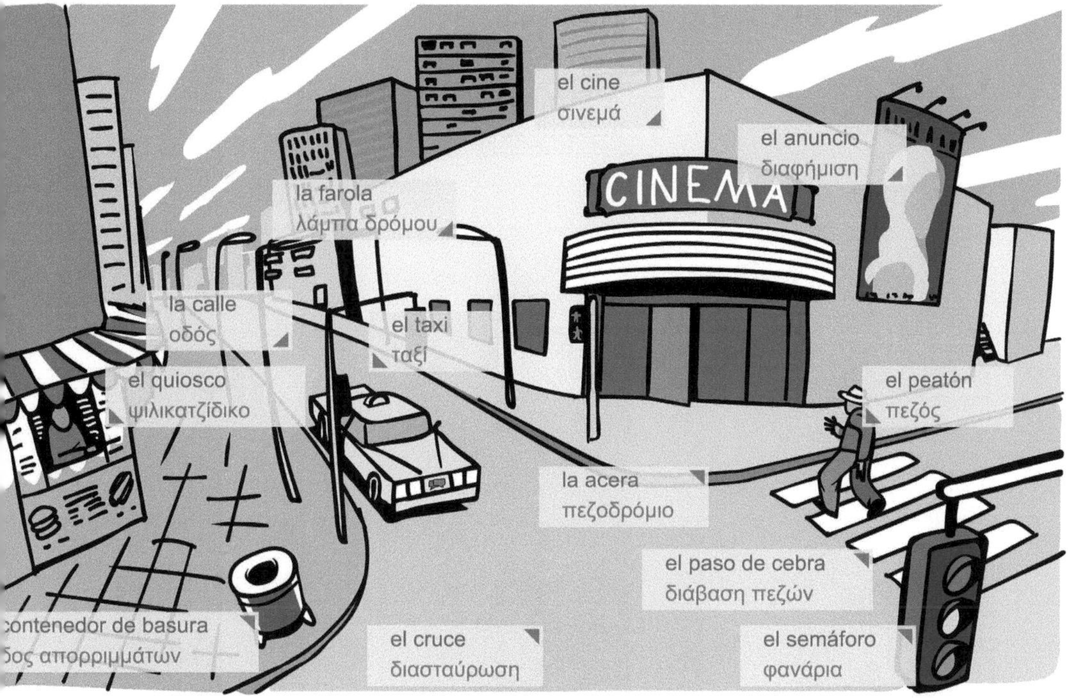

CINEMA

el cine / σινεμά

el anuncio / διαφήμιση

la farola / λάμπα δρόμου

la calle / οδός

el taxi / ταξί

el quiosco / ψιλικατζίδικο

el peatón / πεζός

la acera / πεζοδρόμιο

el paso de cebra / διάβαση πεζών

el semáforo / φανάρια

...ontenedor de basura / ...ός απορριμμάτων

el cruce / διασταύρωση

la cabaña

καλύβα

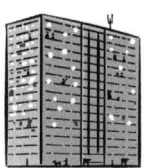

el apartamento

διαμέρισμα

la estación de tren

σιδηροδρομικός σταθμός

el ayuntamiento

δημαρχείο

el museo

μουσείο

la escuela

σχολείο

la universidad

πανεπιστήμιο

el banco

τράπεζα

el hospital

νοσοκομείο

el hotel

ξενοδοχείο

la farmacia

φαρμακείο

la oficina

γραφείο

la librería

βιβλιοπωλείο

la tienda de campaña

κατάστημα

la floristería

ανθοπωλείο

el supermercado

σούπερ μάρκετ

el mercado

αγορά

los grandes almacenes

πολυκατάστημα

la pescadería

ιχθυοπωλείο

el centro comercial

εμπορικό κέντρο

el puerto

λιμάνι

el parque

πάρκο

el banco

παγκάκι

el puente

γέφυρα

las escaleras

σκάλες

el metro

μετρό

el túnel

τούνελ

la parada de autobús

στάση λεωφορείου

el bar

μπαρ

el restaurante

εστιατόριο

el buzón

γραμματοκιβώτιο

el poste indicador

πινακίδα δρόμου

el parquímetro

παρκόμετρο

el zoo

ζωολογικός κήπος

la piscina

πισίνα

la mezquita

τζαμί

la granja

αγρόκτημα

la contaminación

ρύπανση

el cementerio

νεκροταφείο

la iglesia

εκκλησία

el patio de juego

παιδική χαρά

el templo

ναός

## el paisaje

## τοπίο

la hoja
φύλλο

la señal
πινακίδα κατεύθυνσης

el camino
δρόμος

el prado
λιβάδι

la piedra
πέτρα

el excursionista
πεζοπόρος

el árbol
δέντρο

el río
ποτάμι

la hierba
χορτάρι

la flor
λουλούδι

el valle

κοιλάδα

la colina

λόφος

el lago

λίμνη

el bosque

δάσος

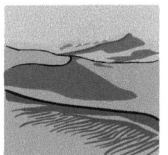

el desierto

έρημος

el volcán

ηφαίστειο

el castillo

κάστρο

el arcoíris

ουράνιο τόξο

el champiñón

μανιτάρι

la palmera

φοίνικας

el mosquito

κουνούπι

la mosca

μύγα

la hormiga

μυρμήγκι

la abeja

μέλισσα

la araña

αράχνη

el escarabajo

σκαθάρι

la rana

βάτραχος

la ardilla

σκίουρος

el erizo

σκαντζόχοιρος

la liebre

λαγός

la lechuza

κουκουβάγια

el pájaro

πουλί

el cisne

κύκνος

el jabalí

αγριογούρουνο

el ciervo

ελάφι

el alce

άλκη

la presa

φράγμα

la turbina eólica

ανεμογεννήτρια

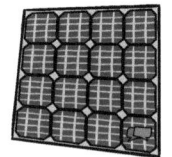

el panel solar

ηλιακός συλλέκτης

el clima

κλίμα

el paisaje - τοπίο

# el restaurante
# εστιατόριο

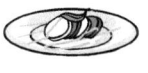

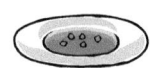

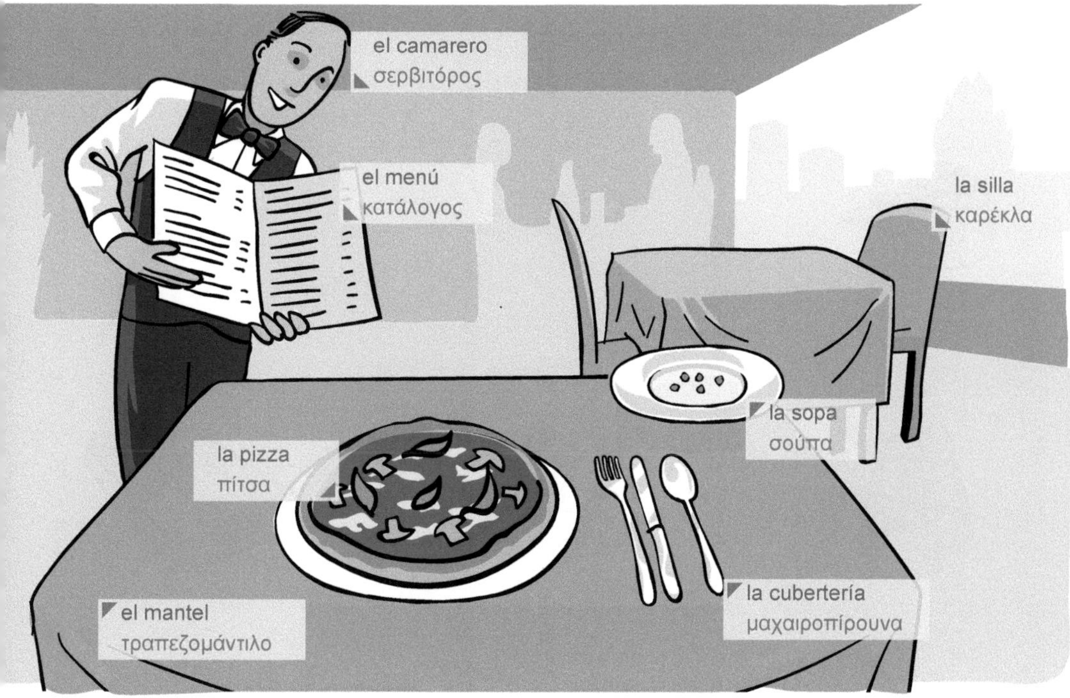
el camarero
σερβιτόρος
el menú
κατάλογος
la silla
καρέκλα
la sopa
σούπα
la pizza
πίτσα
el mantel
τραπεζομάντιλο
la cubertería
μαχαιροπίρουνα

el primer plato

ορεκτικό

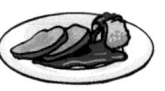

el plato principal

κύριο πιάτο

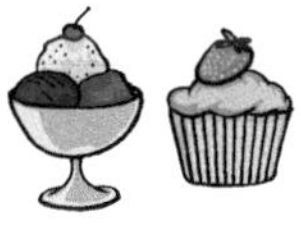

el postre

επιδόρπιο

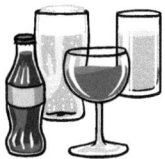

las bebidas

ποτά

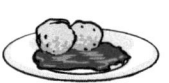

la comida

φαγητό

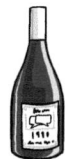

la botella

μπουκάλι

la comida rápida

φαστ φουντ

la comida callejera

φαγητό στ' όρθιο

la tetera

τσαγιέρα

el azucarero

δοχείο ζάχαρης

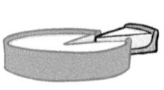

la porción

μερίδα

la cafetera expreso

μηχανή εσπρέσο

la trona

ψηλή καρέκλα

la cuenta

λογαριασμός

la bandeja

δίσκος

el cuchillo

μαχαίρι

el tenedor

πιρούνι

la cuchara

κουτάλι

la cucharilla

κουταλάκι του τσαγιού

la servilleta

πετσέτα φαγητού

el vaso

ποτήρι

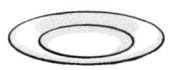

el plato

πιάτο

el plato hondo

πιάτο σούπας

el platillo

πιατάκι φλιτζανιού

la salsa

σάλτσα

el salero

αλατιέρα

el molinillo de pimienta

μύλος για πιπέρι

el vinagre

ξύδι

el aceite

λάδι

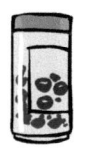

las especias

μπαχαρικά

el ketchup

κέτσαπ

la mostaza

μουστάρδα

la mayonesa

μαγιονέζα

# el supermercado

## σούπερ μάρκετ

la oferta especial
προσφορά
FOR
el cliente
πελάτης
los lácteos
γαλακτοκομικά προϊόντα
la fruta
φρούτα
el carro de compra
καρότσι για ψώνια

BUTCHERS

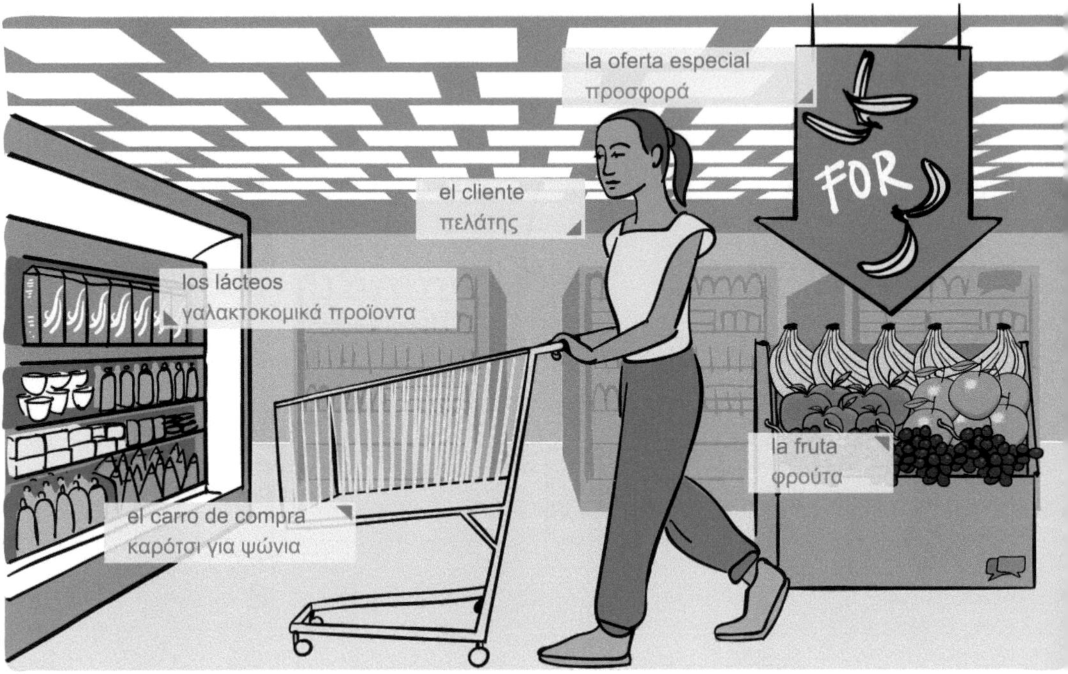

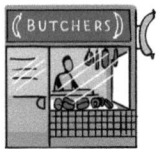

la carniceria

κρεοπωλείο

BAKERY

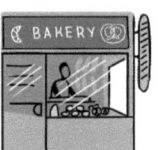

la panadería

φούρνος

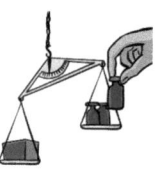

pesar

ζυγίζω

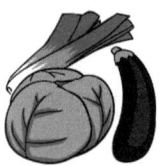

las verduras

λαχανικά

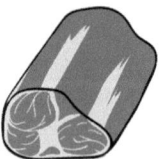

la carne

κρέας

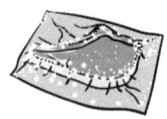

los alimentos congelados

κατεψυγμένα τρόφιμα

los fiambres
αλλαντικά

las conservas
κονσερβοποιημένη τροφή

el detergente en polvo
απορρυπαντικό ρούχων

los dulces
γλυκά

productos de uso doméstico
οικιακά είδη

productos de limpieza
καθαριστικά προϊόντα

la vendedora
πωλήτρια

la caja de cartón
ταμείο

el cajero
ταμίας

la lista de la compra
λίστα για ψώνια

el horario de atención al público
ωράριο λειτουργίας

la cartera
πορτοφόλι

la tarjeta de crédito
πιστωτική κάρτα

la bolsa de plástico
τσάντα

la bolsa de plástico
πλαστική σακούλα

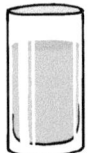

el agua

νερό

el zumo

χυμός

la leche

γάλα

la cola

κόκα κόλα

el vino

κρασί

la cerveza

μπίρα

el alcohol

αλκοόλ

el cacao

κακάο

el té

τσάι

el café

καφές

el expreso

εσπρέσο

el capuchino

καπουτσίνο

el plátano

μπανάνα

la manzana

μήλο

la naranja

πορτοκάλι

el melón

πεπόνι

el limón

λεμόνι

la zanahoria

καρότο

el ajo

σκόρδο

el bambú

μπαμπού

la cebolla

κρεμμύδι

el champiñón

μανιτάρι

las avellanas

ξηροί καρποί

los fideos

νουντλς

las espagueti

μακαρόνια

el arroz

ρύζι

la ensalada

σαλάτα

las patatas fritas

πατατάκια

las patatas fritas

τηγανητές πατάτες

la pizza

πίτσα

la hamburguesa

χάμπουργκερ

el sándwich

σάντουιτς

el filete

κοτολέτα

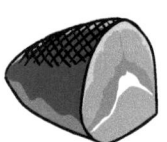

el jamón

ζαμπόν

le salami

σαλάμι

la salchicha

λουκάνικο

el pollo

κοτόπουλο

el asado

ψητό

el pescado

ψάρι

los copos de avena

χυλός βρώμης

el muesli

μούσλι

los copos de maíz

κορν φλέικς

la harina

αλεύρι

el cruasán

κρουασάν

el panecillo

ψωμάκι

el pan

ψωμί

la tostada

τοστ

las galletas

μπισκότα

la mantequilla

βούτυρο

la cuajada

τυρόπηγμα

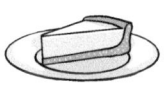

el pastel

κέικ

el huevo

αυγό

el huevo frito

τηγανητό αυγό

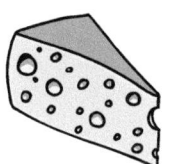

el queso

τυρί

la comida - φαγητό                    25

el helado

παγωτό

el azúcar

ζάχαρη

la miel

μέλι

la mermelada

μαρμελάδα

la crema de turrón

άλλειμμα σοκολάτας

el curry

κάρυ

la comida - φαγητό

# la granja
# αγρόκτημα

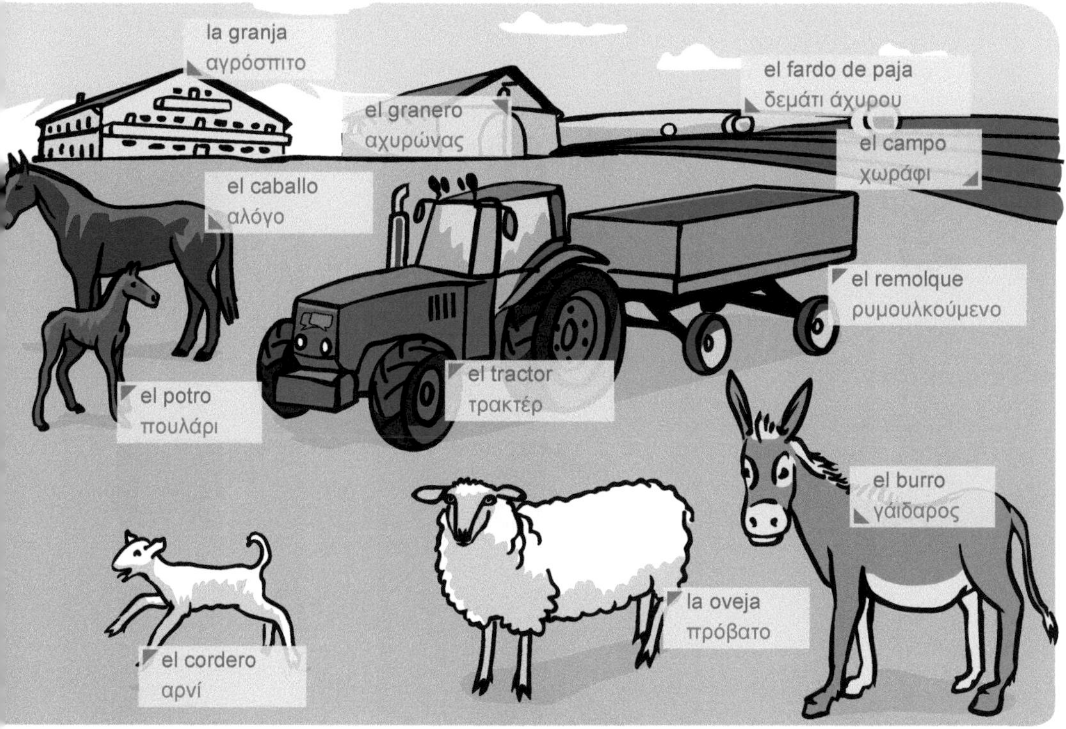

la granja
αγρόσπιτο
el granero
αχυρώνας
el fardo de paja
δεμάτι άχυρου
el campo
χωράφι
el caballo
αλόγο
el remolque
ρυμουλκούμενο
el tractor
τρακτέρ
el potro
πουλάρι
el burro
γάιδαρος
la oveja
πρόβατο
el cordero
αρνί


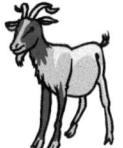

la cabra

κατσίκα

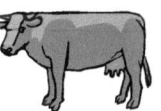

la vaca

αγελάδα

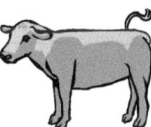

el ternero

μοσχαράκι

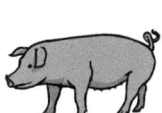

el cerdo

γουρούνι

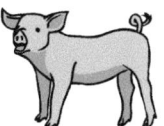

el cerdito

γουρουνάκι

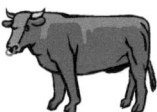

el toro

ταύρος

el ganso

χήνα

el pato

πάπια

el pollo

κοτοπουλάκι

la gallina

κότα

el gallo

κόκορας

la rata

αρουραίος

el gato

γάτα

el ratón

ποντίκι

el buey

βόδι

el perro

σκύλος

la perrera

σπιτάκι σκύλου

la manguera

λάστιχο κήπου

la regadera

ποτιστήρι

la guadaña

θεριστήρι

el arado

αλέτρι

la hoz
δρεπάνι

la azada
τσάπα

la horca
δίκρανο

el hacha
τσεκούρι

la carretilla
χειράμαξα

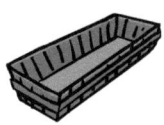

el abrevadero
ταΐστρα

la lechera
δοχείο γάλακτος

el saco
σάκος

la valla
φράχτης

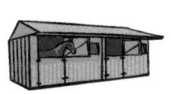

el establo
στάβλος

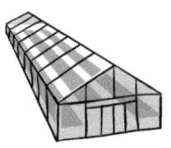

el invernadero
θερμοκήπιο

el suelo
έδαφος

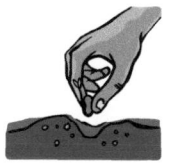

la semilla
σπόρος

el fertilizador
λίπασμα

la cosechadora
θεριζοαλωνιστική μηχανή

cosechar

θερίζω

la cosecha

συγκομιδή

el ñame

γιαμς

el trigo

σιτάρι

el soja

σόγια

la patata

πατάτα

el maíz

καλαμπόκι

la semilla de colza

κράμβη

el árbol frutal

οπωροφόρο δέντρο

la mandioca

μανιόκα

las cereales

δημητριακά

# la casa

## σπίτι

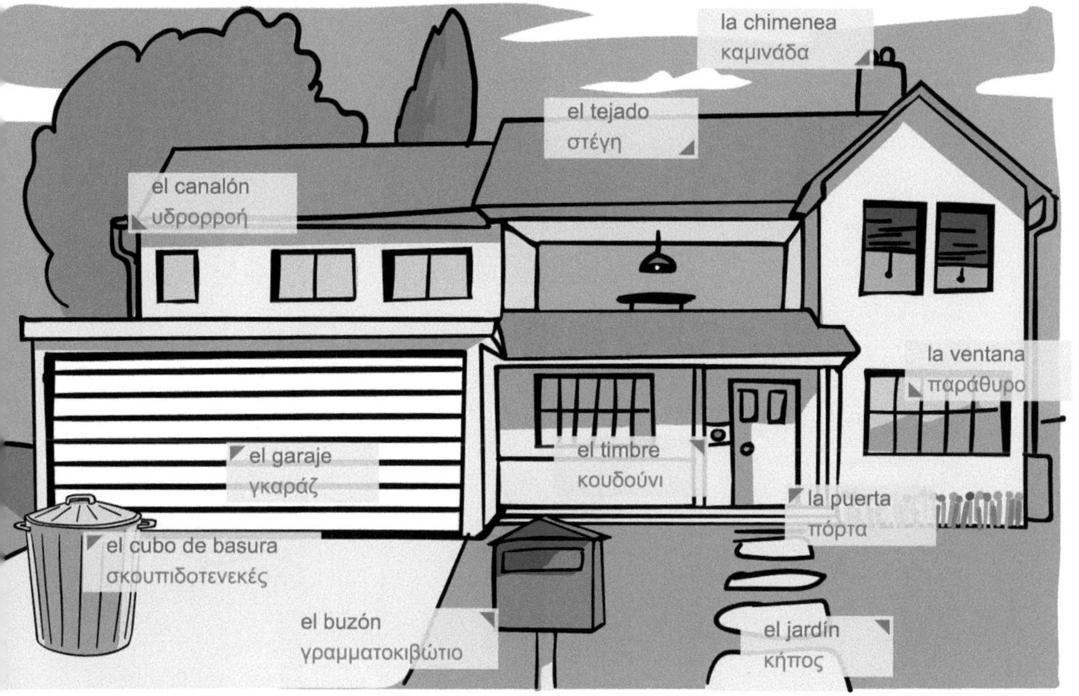
la chimenea
καμινάδα
el tejado
στέγη
el canalón
υδρορροή
la ventana
παράθυρο
el garaje
γκαράζ
el timbre
κουδούνι
la puerta
πόρτα
el cubo de basura
σκουπιδοτενεκές
el buzón
γραμματοκιβώτιο
el jardín
κήπος

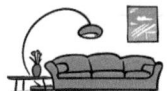

la sala

σαλόνι

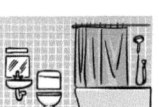

el cuarto de baño

μπάνιο

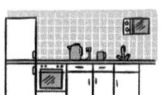

la cocina

κουζίνα

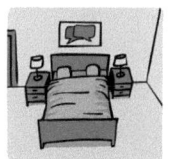

el dormitorio

υπνοδωμάτιο

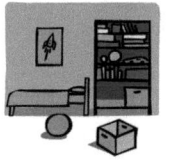

la habitación de los niños

παιδικό δωμάτιο

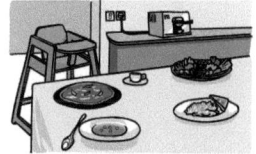

el comedor

τραπεζαρία

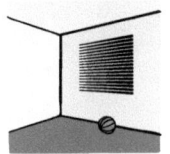

el suelo
πάτωμα

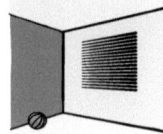

la pared
τοίχος

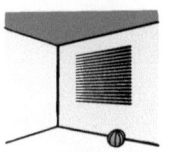

el techo
οροφή

el sótano
κελάρι

la sauna
σάουνα

el balcón
μπαλκόνι

la terraza
βεράντα

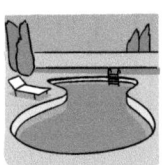

la piscina
πισίνα

el cortacésped
μηχανή του γκαζόν

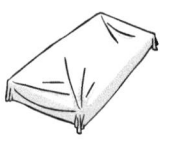

la sábana
σεντόνι

la colcha
κάλυμμα κρεβατιού

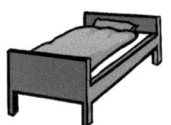

la cama
κρεβάτι

la escoba
σκούπα

el balde
κουβάς

el interruptor
διακόπτης

# la sala
# σαλόνι

el papel pintado
ταπετσαρία
la imagen
φωτογραφία
la lámpara
λάμπα
el estante
ράφι
el armario
ντουλάπι
la televisión
τηλεόραση
la chimenea
τζάκι
la flor
λουλούδι
el cojín
μαξιλάρι
el sofá
καναπές
el jarrón
βάζο
el mando a distancia
τηλεκοντρόλ

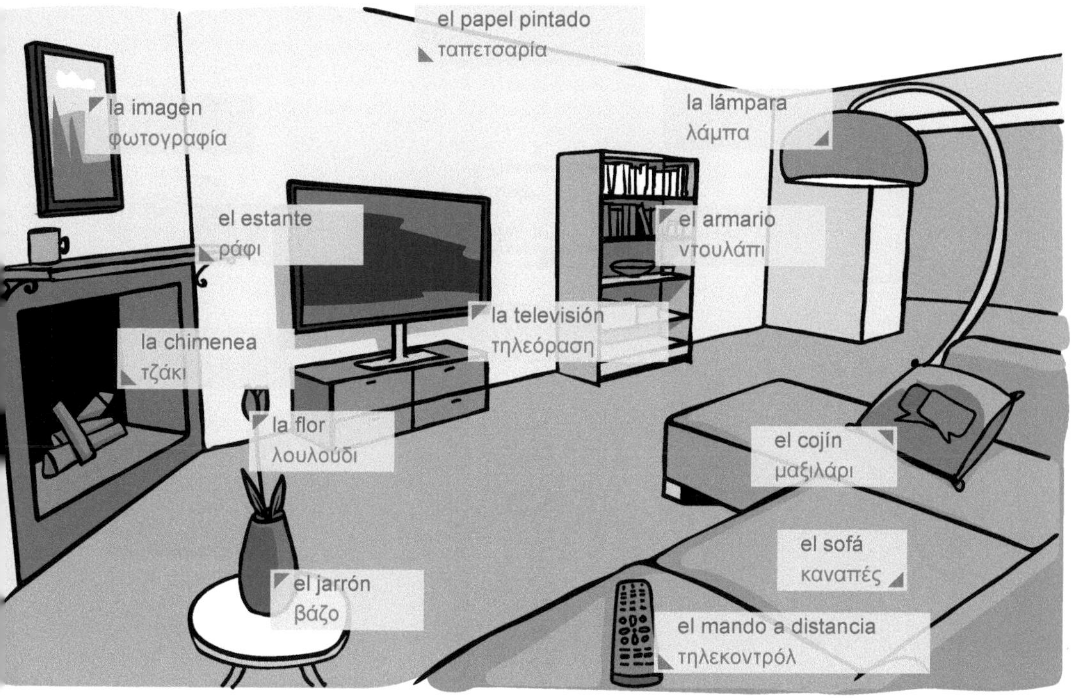

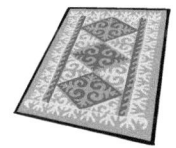

la alfombra

χαλί

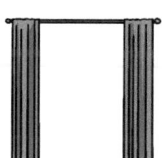

la cortina

κουρτίνα

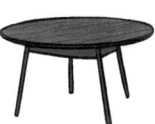

la mesa

τραπέζι

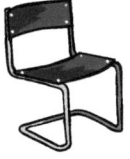

la silla

καρέκλα

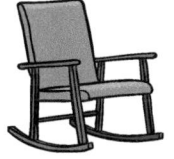

el mecedora

κουνιστή πολυθρόνα

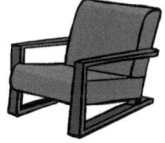

la butaca

πολυθρόνα

el libro

βιβλίο

la manta

κουβέρτα

la decoración

διακόσμηση

la leña

καυσόξυλα

la película

ταινία

el equipo de música

στερεοφωνικό σύστημα

la llave

κλειδί

el periódico

εφημερίδα

la pintura

πίνακας ζωγραφικής

el póster

αφίσα

la radio

ραδιόφωνο

el cuaderno

σημειωματάριο

la aspiradora

ηλεκτρική σκούπα

el cactus

κάκτος

la vela

κερί

# la cocina
## κουζίνα

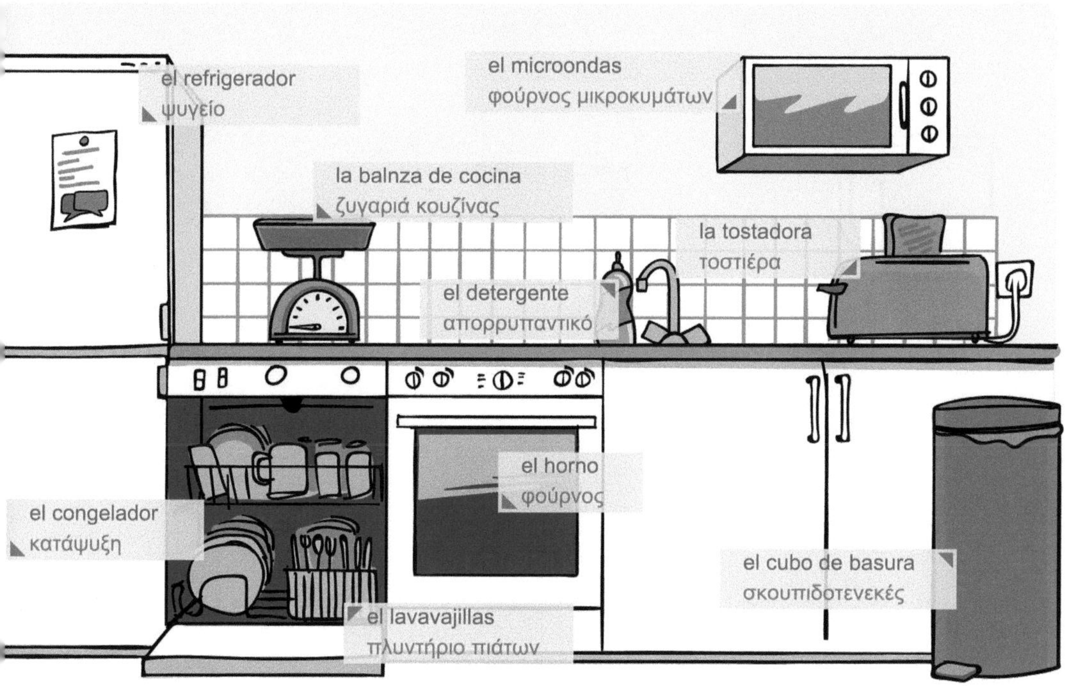
el refrigerador
ψυγείο
el microondas
φούρνος μικροκυμάτων
la balnza de cocina
ζυγαριά κουζίνας
la tostadora
τοστιέρα
el detergente
απορρυπαντικό
el horno
φούρνος
el congelador
κατάψυξη
el cubo de basura
σκουπιδοτενεκές
el lavavajillas
πλυντήριο πιάτων

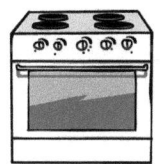

la olla a presión

κουζίνα

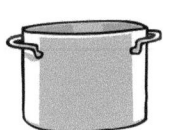

la olla

κατσαρόλα

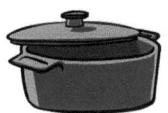

la olla de hierro fundido

μαντεμένια κατσαρόλα

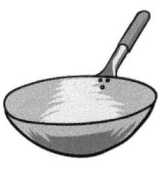

el wok

γουόκ/καντάι

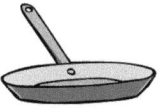

la cazuela

τηγάνι

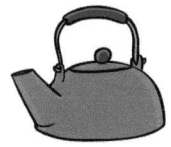

el hervidor

βραστήρας

la vaporera

ατμομάγειρας

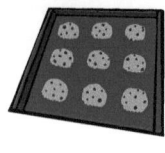

la chapa de horno

ταψί

la vajilla

πιατικά

la taza

κούπα

el tazón

μπολ

los palillos

ξυλάκια

el cucharón

κουτάλα

la espumadera

σπάτουλα

el batidor

ανακατεύω

el colador

σουρωτήρι

el cedazo

σουρωτηράκι

el rallador

τρίφτης

el mortero

γουδί

la barbacoa

ψησταριά

la hoguera

ανοιχτή φωτιά

la tabla de picar

σανίδα κοπής

el rodillo

πλάστης

el sacacorchos

ανοιχτήρι φελλών

la lata

κονσέρβα

el abrelatas

ανοιχτήρι κονσέρβας

el agarrador

γάντι φούρνου

el lavabo

νεροχύτης

el cepillo

βούρτσα

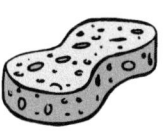

la esponja

σφουγγάρι

la batidora

μπλέντερ

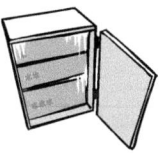

el congelador

καταψύκτης

el biberón

μπιμπερό

el grifo

βρύση

# el cuarto de baño

## μπάνιο

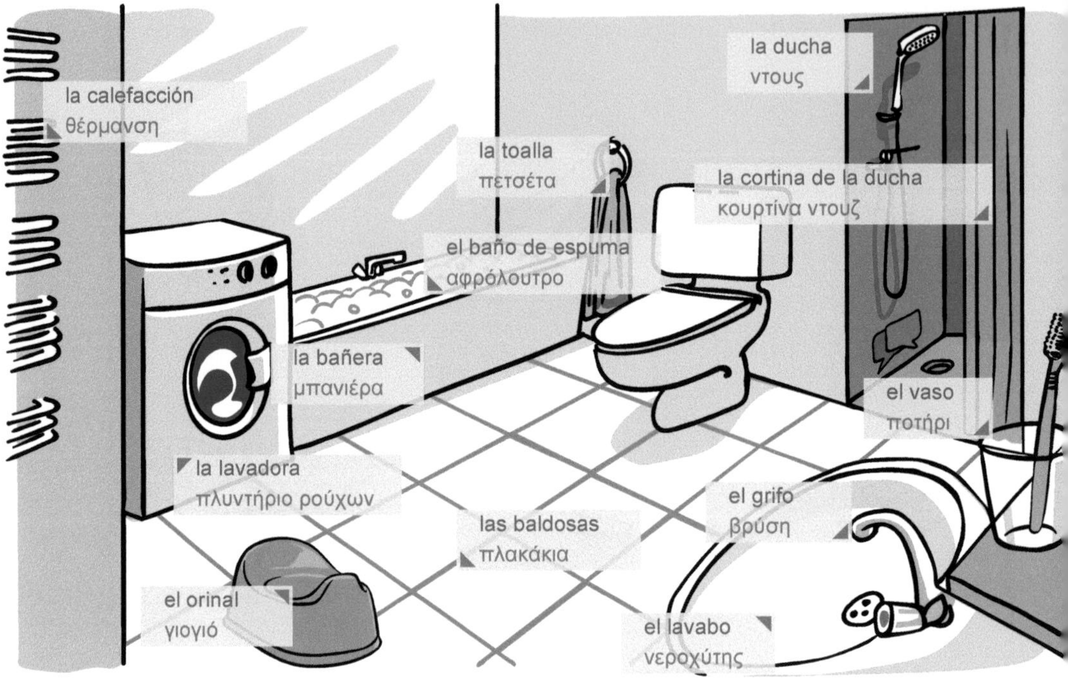

la calefacción
θέρμανση
la ducha
ντους
la toalla
πετσέτα
la cortina de la ducha
κουρτίνα ντους
el baño de espuma
αφρόλουτρο
la bañera
μπανιέρα
el vaso
ποτήρι
la lavadora
πλυντήριο ρούχων
el grifo
βρύση
las baldosas
πλακάκια
el orinal
γιογιό
el lavabo
νεροχύτης


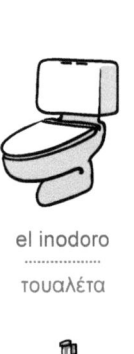

el inodoro

τουαλέτα

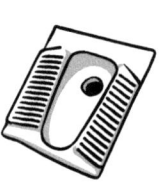

el inodoro rústico

τούρκικη τουαλέτα

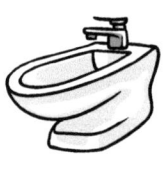

el bidé

μπιντές

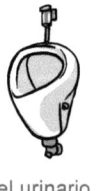

el urinario

ουρητήριο

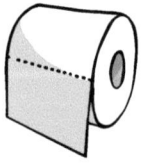

el papel higiénico

χαρτί υγείας

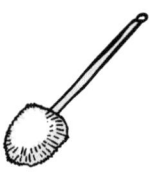

la escobilla del váter

πιγκάλ

el cepillo de dientes

οδοντόβουρτσα

la pasta de dientes

οδοντόκρεμα

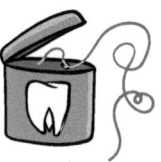

el hilo dental

οδοντικό νήμα

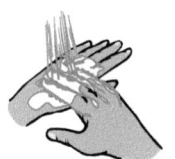

lavar

πλένω

la ducha de mano

τηλέφωνο ντους

la ducha íntima

ντουσιέρα

la pila

λεκάνη

el cepillo de espalda

βούρτσα πλάτης

el jabón

σαπούνι

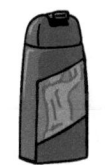

el gel de ducha

αφρόλουτρο

el champú

σαμπουάν

la toallita

φανέλα

el desagüe

σιφόνι

la crema

κρέμα

el desodorante

αποσμητικό

**el espejo**

καθρέφτης

**el espejo de tocador**

καθρέφτης χειρός

**la maquinilla de afeitar**

ξυραφάκι

**la espuma de afeitar**

αφρός ξυρίσματος

**la loción postafeitado**

αφτερσέιβ

**el peine**

χτένα

**el cepillo**

βούρτσα

**el secador**

σεσουάρ

**la laca**

λακ

**el maquillaje**

μακιγιάζ

**el pintalabios**

κραγιόν

**el pintauñas**

βερνίκι νυχιών

**el algodón**

βαμβάκι

**el cortauñas**

ψαλίδι νυχιών

**el perfume**

άρωμα

el estuche de viaje

νεσεσέρ

la banqueta

σκαμπό

la balanza

ζυγαριά

el albornoz

μπουρνούζι

los guantes de goma

ελαστικά γάντια

el tampón

ταμπόν

la compresa

πετσέτα υγιεινής

el inodoro químico

χημική τουαλέτα

# la habitación de los niños

## παιδικό δωμάτιο

el despertador
ξυπνητήρι
el peluche
λούτρινο ζωάκι
el coche de juguete
αυτοκινητάκι
el sonajero
κουδουνίστρα
la casa de muñecas
κουκλόσπιτο
el regalo
δώρο


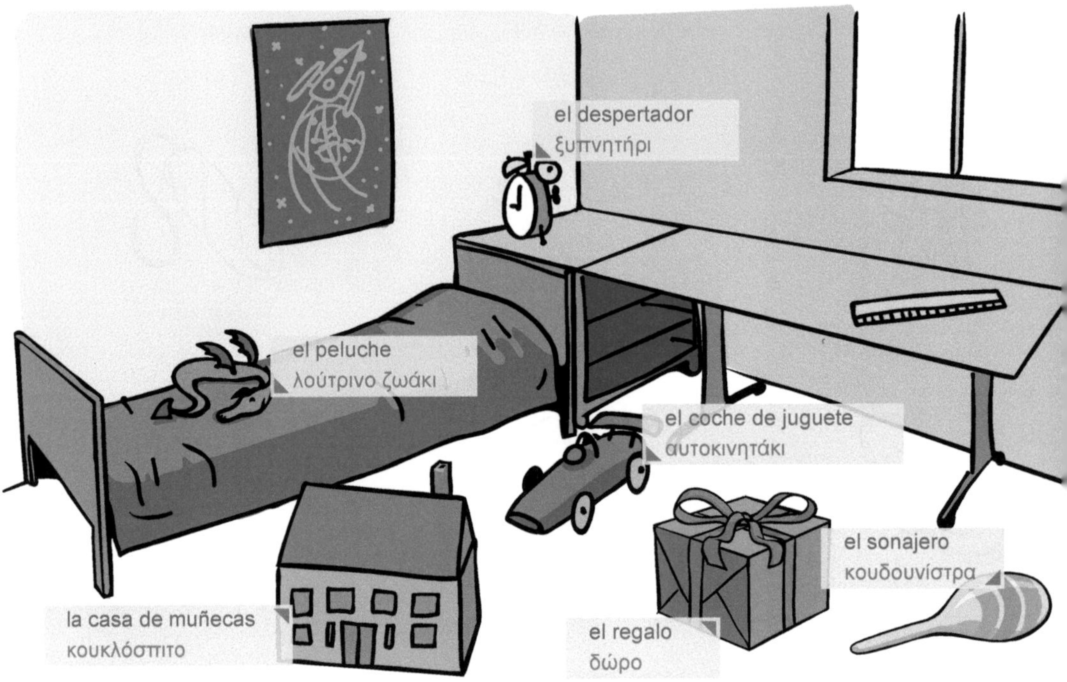

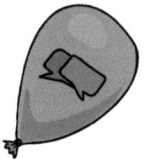

el globo

μπαλόνι

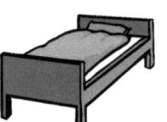

la cama

κρεβάτι

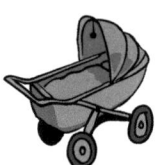

el coche de niño

καροτσάκι

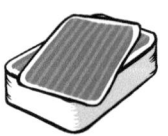

los naipes

τράπουλα

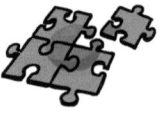

el puzle

παζλ

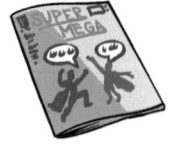

el tebeo

κόμικς

las piezas de lego

τουβλάκια lego

los bloques de juguete

τουβλάκια κατασκευών

la figura de acción

φιγούρα δράσης

el bodi (de bebé)

βρεφικό φορμάκι

el frisbee

φρίσμπι

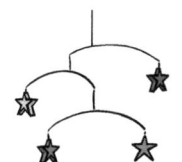

el colgador móvil para bebés

μόμπιλο

el juego de mesa

επιτραπέζιο παιχνίδι

los dados

ζάρια

el circuito de tren eléctrico

σετ τρενάκι

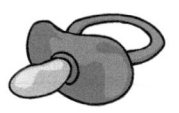

el maniquí

πιπίλα

la fiesta

πάρτι

el álbum de fotos

εικονογραφημένο βιβλίο

la pelota

μπάλα

la muñeca

κούκλα

jugar

παίζω

el cajón de arena

σκάμμα με άμμο

el columpio

κούνια

los juguetes

παιχνίδια

la videoconsola

κονσόλα βιντεοπαιχνιδιών

el triciclo

τρίκυκλο

el oso de peluche

αρκουδάκι

la guardarropa

ντουλάπα

# la ropa

## ρούχα

los calcetines

κάλτσες

las medias

καλτσοδέτες

los leotardos

καλσόν

**la bufanda**
κασκόλ

**el paraguas**
ομπρέλα

**la camiseta**
μπλουζάκι

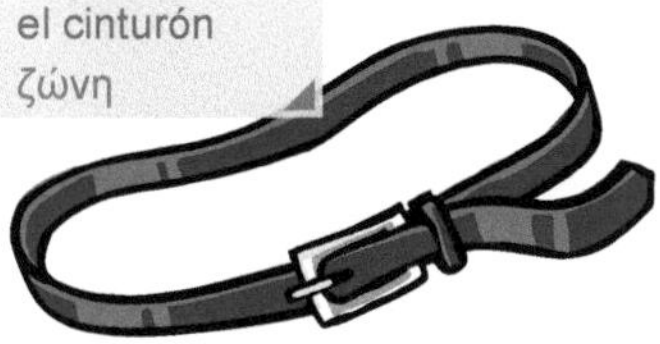

**el cinturón**
ζώνη

**las botas**
μπότες

**las zapatillas**
παντόφλες

**las deportivas**
αθλητικά παπούτσια

**las sandalias**
σανδάλια

**los zapatos**
παπούτσια

**las botas de goma**
γαλότσες

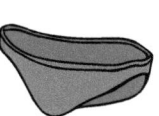

**el slip**
εσώρουχο

**el sostén**
σουτιέν

**el chaleco**
φανέλα

**el bodi**

σώμα

**los pantalones cortos**

παντελόνι

**los vaqueros**

τζιν παντελόνι

**la falda**

φούστα

**la blusa**

μπλούζα

**la camisa**

πουκάμισο

**el jersey**

πουλόβερ

**el suéter**

πουλόβερ

**el blazer**

σακάκι

**la chaqueta**

μπουφάν

**el abrigo**

παλτό

**la gabardina**

αδιάβροχο πανωφόρι

**el traje**

κοστούμι

**el vestido**

φόρεμα

**el vestido de novia**

νυφικό

el traje

κοστούμι

el camisón

νυχτικό

el pijama

πιτζάμες

el sati

σάρι

el bandana

μαντήλι

el turbante

τουρμπάνι

la burka

μπούρκα

el caftán

καφτάνι

la abaya

μουσουλμανικό ένδυμα

el traje de baño

ολόσωμο μαγιό

el bañador

ανδρικό μαγιό

los pantalones cortos

σορτς

el chándal

αθλητική φόρμα

el delantal

ποδιά

los guantes

γάντια

el botón

κουμπί

las gafas

γυαλιά

el brazalete

βραχιόλι

el collar

περιδέραιο

el anillo

δαχτυλίδι

el pendiente

σκουλαρίκι

la gorra

καπέλο

la percha

κρεμάστρα

el sombrero

καπέλο

la corbata

γραβάτα

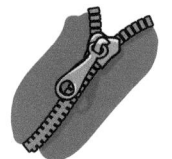

la cremallera

φερμουάρ

el casco

κράνος

los tirantes

τιράντες

el uniforme

μαθητική στολή

el uniforme

στολή

el babero

σαλιάρα

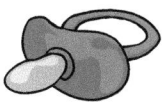

el maniquí

πιπίλα

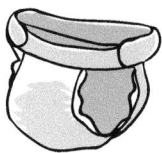

el pañal

πάνα

# la oficina
## γραφείο

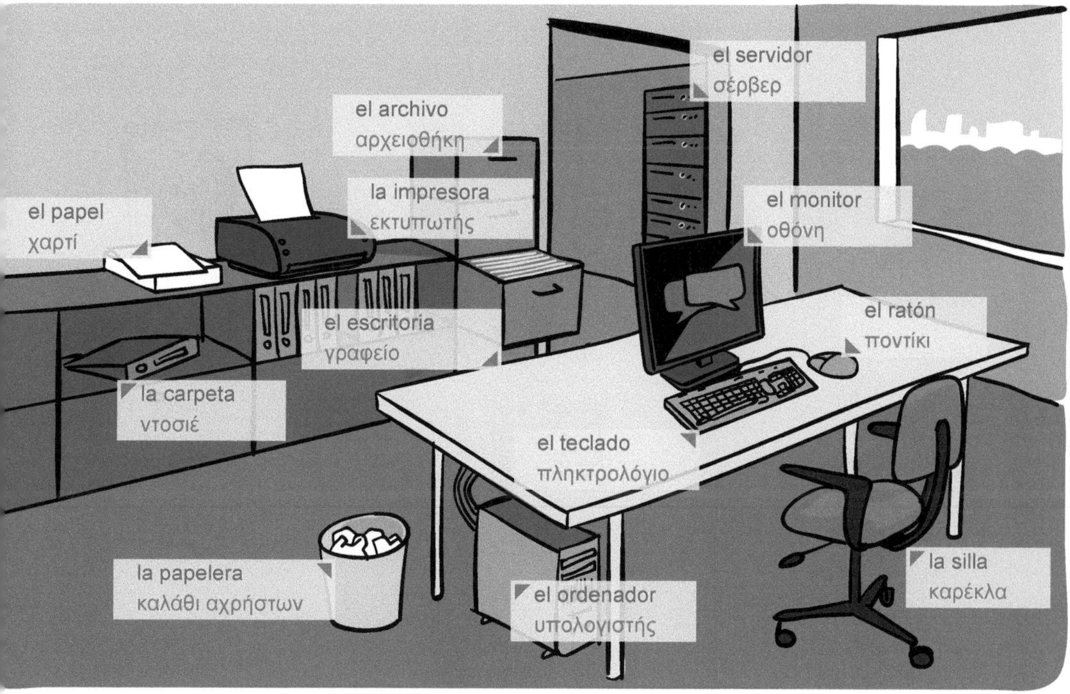

el servidor
σέρβερ

el archivo
αρχειοθήκη

la impresora
εκτυπωτής

el papel
χαρτί

el monitor
οθόνη

el escritoria
γραφείο

el ratón
ποντίκι

la carpeta
ντοσιέ

el teclado
πληκτρολόγιο

la papelera
καλάθι αχρήστων

la silla
καρέκλα

el ordenador
υπολογιστής

la taza de café

κούπα του καφέ

la calculadora

κομπιουτεράκι

el internet

ίντερνετ

el portátil

λάπτοπ

la carta

γράμμα

el mensaje

μήνυμα

el móvil

κινητό

la red

δίκτυο

la fotocopiadora

φωτοτυπικό μηχάνημα

el software

λογισμικό

el teléfono

τηλέφωνο

la toma de corriente

πρίζα

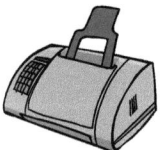

el fax

συσκευή φαξ

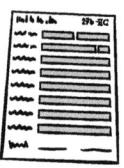

el formulario

έντυπο

el documento

έγγραφο

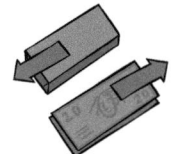

comprar

αγοράζω

pagar

πληρώνω

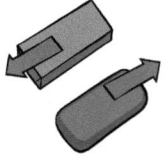

comerciar

συναλλάσσομαι

el dinero

χρήματα

el dólar

δολάριο

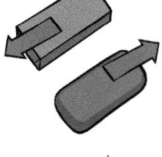

el euro

ευρώ

el yen

γιεν

el rublo

ρούβλι

el franco suizo

ελβετικό φράγκο

el renminbi yuan

ρενμίνμπι γιουάν

la rupia

ρουπία

el cajero automático

ATM (αυτόματη ταμειακή μηχανή)

la oficina de cambio de divisas

ανταλλακτήρια συναλλάγματος

el oro

χρυσός

la plata

ασήμι

el petróleo

πετρέλαιο

la energía

ενέργεια

el precio

τιμή

el contrato

συμβόλαιο

el impuesto

φόρος

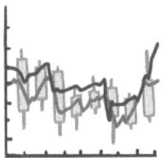

la acción

μετοχή

trabajar

δουλεύω

el empleador

υπάλληλος

el empleador

εργοδότης

la fábrica

εργοστάσιο

la tienda de campaña

κατάστημα

el agente de policía
αστυνόμος

el bombero
πυροσβέστης

el cocinero
μάγειρας

el médico
γιατρός

el piloto
πιλότος

el jardinero

κηπουρός

el carpintero

ξυλουργός

la costurera

μοδίστρα

el juez

δικαστής

el farmacéutico

χημικός

el actor

ηθοποιός

el conductor de autobús

οδηγός λεωφορείου

el taxista

ταξιτζής

el pescador

ψαράς

la señora de la limpieza

καθαρίστρια

el techador

τεχνίτης στεγών

el camarero

σερβιτόρος

el cazador

κυνηγός

el pintor

ζωγράφος

el panadero

αρτοποιός

el electricista

ηλεκτρολόγος

el obrero

οικοδόμος

el ingeniero

μηχανολόγος

el carnicero

κρεοπώλης

el fontanero

υδραυλικός

el cartero

ταχυδρόμος

los oficios - επαγγέλματα

el soldado

στρατιώτης

el arquitecto

αρχιτέκτονας

el cajero

ταμίας

el florista

ανθοπώλης

el peluquero

κομμωτής

el revisor

ελεγκτής εισιτηρίων

el mecánico

μηχανικός

el capitán

καπετάνιος

el dentista

οδοντίατρος

el científico

επιστήμονας

el rabino

ραβίνος

el imán

ιμάμης

el monje

μοναχός

el sacerdote

ιερέας

# las herramientas

## εργαλεία

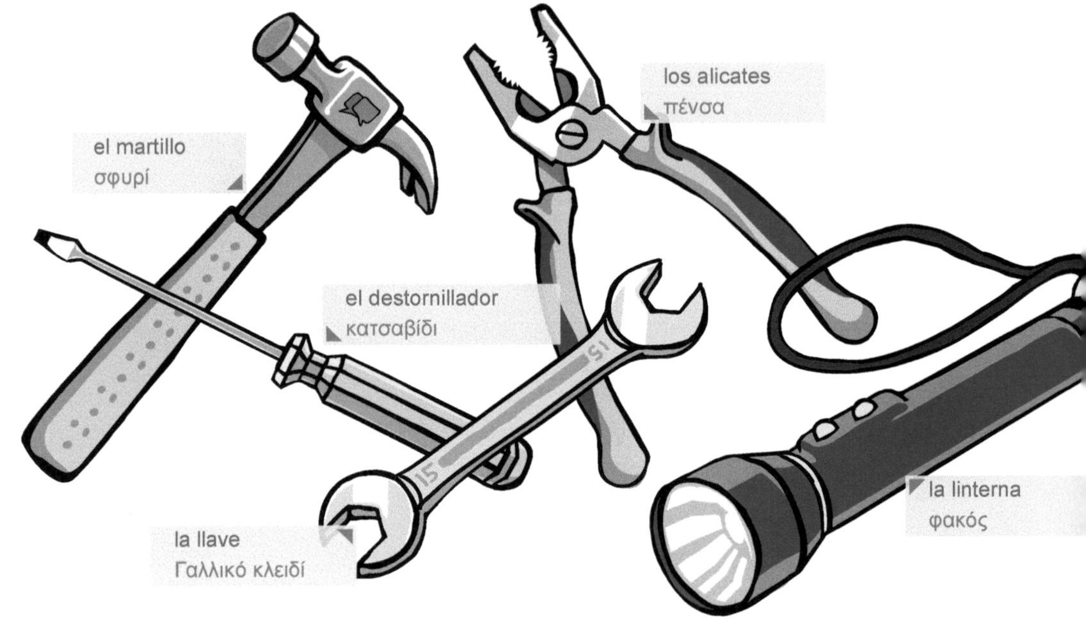

los alicates
πένσα
el martillo
σφυρί
el destornillador
κατσαβίδι
15
la linterna
φακός
la llave
Γαλλικό κλειδί


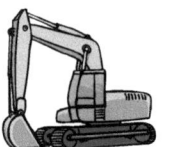

la excavadora

εκσκαφέας

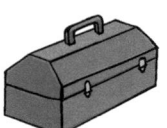

la caja de herramientas

εργαλειοθήκη

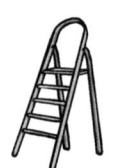

la escalera de mano

σκάλα

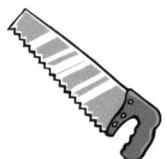

la sierra

πριόνι

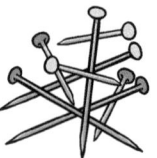

los clavos

καρφιά

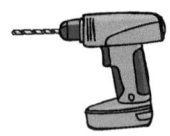

el taladro

τρυπάνι

reparar

επισκευάζω

la pala

φτυάρι

¡Maldita sea!

Να πάρει!

el recogedor

φαράσι

el bote de pintura

δοχείο χρωμάτων

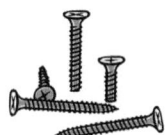

los tornillos

βίδες

# los instrumentos musicales
## μουσικά όργανα

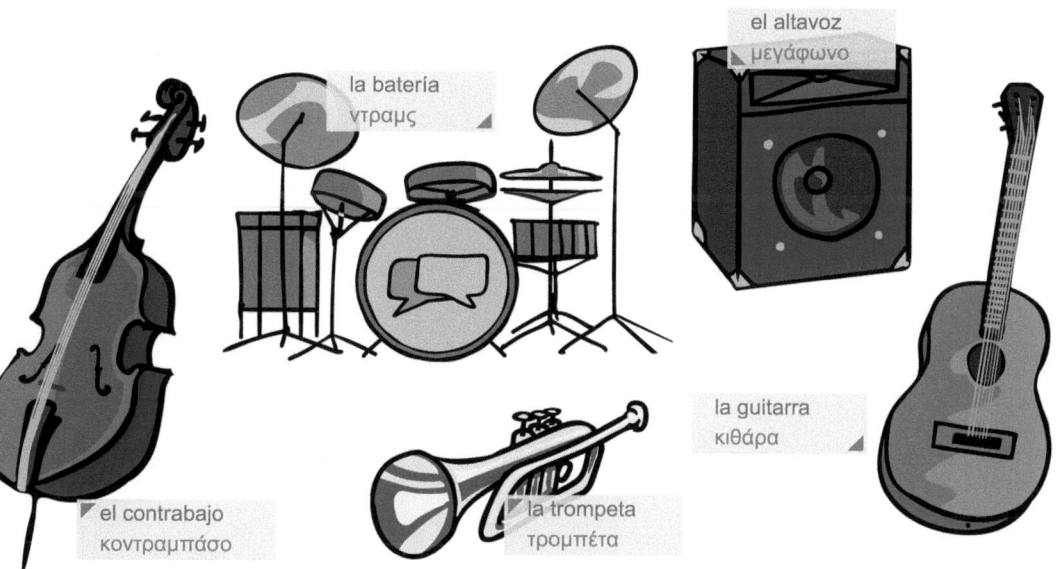

la batería
ντραμς

el altavoz
μεγάφωνο

la guitarra
κιθάρα

el contrabajo
κοντραμπάσο

la trompeta
τρομπέτα

el piano

πιάνο

el violín

βιολί

bajo

μπάσο

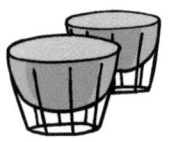

los timbales

τύμπανα

el tambor

τύμπανο

el teclado

πλήκτρα

el saxofón

σαξόφωνο

la flauta

φλάουτο

el micrófono

μικρόφωνο

la entrada
είσοδος

el tigre
τίγρης

la jaula
κλουβί

la cebra
ζέβρα

el pienso
ζωοτροφή

el panda
πάντα

los animales

ζώα

el elefante

ελέφαντας

el canguro

καγκουρό

el rinoceronte

ρινόκερος

el gorila

γορίλας

el oso

αρκούδα

el camello

καμήλα

el avestruz

στρουθοκάμηλος

el león

λιοντάρι

el mono

πίθηκος

el flamingo

φλαμίνγκο

el loro

παπαγάλος

el oso polar

πολική αρκούδα

el pingüino

πιγκουίνος

el tiburón

καρχαρίας

el pavo real

παγώνι

la serpiente

φίδι

el cocodrilo

κροκόδειλος

el guardián de zoológico

φύλακας ζωολογικού κήπου

la foca

φώκια

el jaguar

τζάγκουαρ

el zoo - ζωολογικός κήπος

el poni

πόνυ

el leopardo

λεοπάρδαλη

el hipopótamo

ιπποπόταμος

la jirafa

καμηλοπάρδαλη

el águila

αετός

el jabalí

αγριογούρουνο

el pescado

ψάρι

la tortuga

χελώνα

la morsa

θαλάσσιος ίππος

el zorro

αλεπού

la gacela

γαζέλα

el fútbol americano
Αμερικάνικο ποδόσφαιρο

el ciclismo
ποδηλασία

el tenis
αντισφαίριση

el baloncesto
μπάσκετ

la natación
κολύμβηση

el boxeo
πυγχαμία

el hockey sobre hielo
χόκεϋ επί πάγου

el fútbol

ποδόσφαιρο

el bádminton

μπάντμιντον

el atletismo

στίβος

el balonmano

χάντμπολ

el esquí

σκι

el polo

πόλο

# las actividades
# δραστηριότητες

reír
γελάω
saltar
πηδάω
abrazar
αγκαλιάζω
caminar
περπατάω
cantar
τραγουδάω
soñar
ονειρεύομαι
rezar
προσεύχομαι
besar
φιλάω

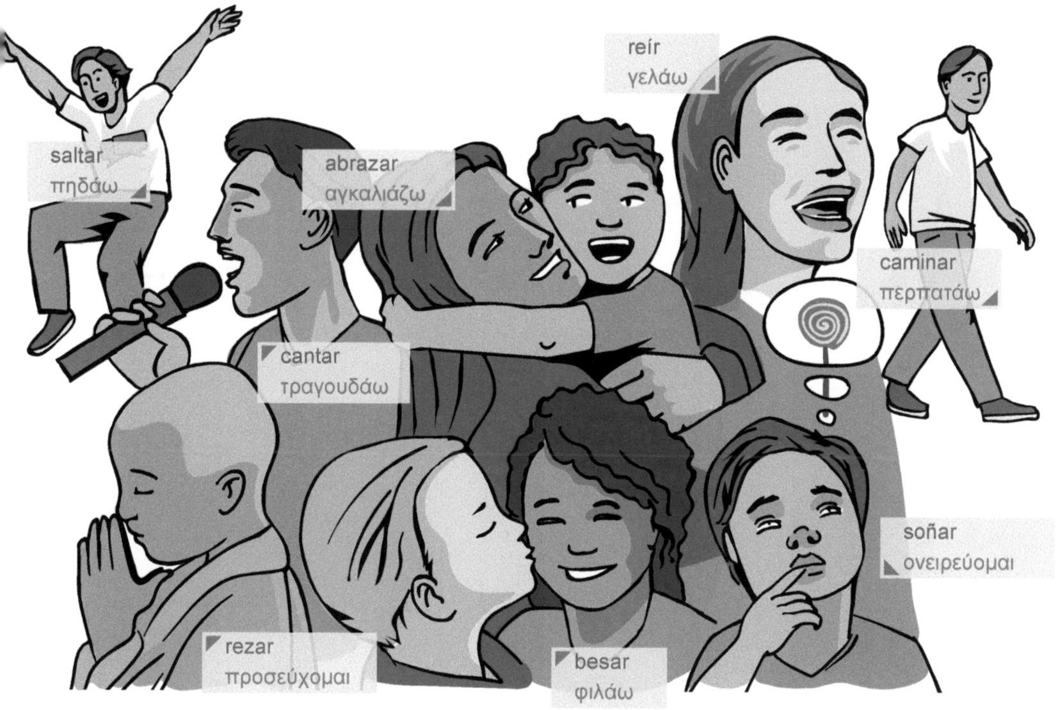

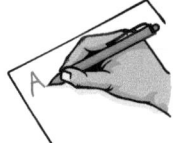

escribir

γράφω

dibujar

σχεδιάζω

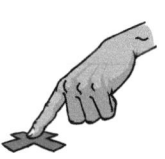

mostrar

δείχνω

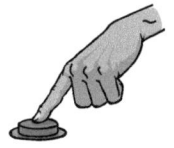

empujar

πιέζω

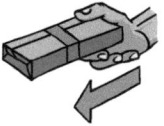

dar

δίνω

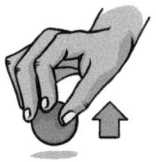

tomar

παίρνω

tener

έχω

hacer

κάνω

ser

είμαι

estar de pie

στέκομαι

correr

τρέχω

tirar

τραβάω

tirar

ρίχνω

caer

πέφτω

yacer

ξαπλώνω

esperar

περιμένω

llevar

κουβαλώ

estar sentado

κάθομαι

vestirse

φοράω

dormir

κοιμάμαι

despertar

ξυπνάω

mirar
κοιτάω

llorar
κλαίω

acariciar
χαϊδεύω

peinar
χτενίζω

hablar
μιλάω

entender
καταλαβαίνω

preguntar
ρωτάω

escuchar
ακούω

beber
πίνω

comer
τρώω

ordenar
συγυρίζω

amar
αγαπάω

cocinar
μαγειρεύω

conducir
οδηγώ

volar
πετάω

navegar

κάνω ιστιοπλοΐα

calcular

υπολογίζω

leer

διαβάζω

aprender

μαθαίνω

trabajar

δουλεύω

casarse

παντρεύομαι

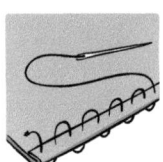

coser

ράβω

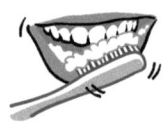

cepillarse los dientes

βουρτσίζω τα δόντια

matar

σκοτώνω

fumar

καπνίζω

enviar

στέλνω

# la familia
## οικογένεια

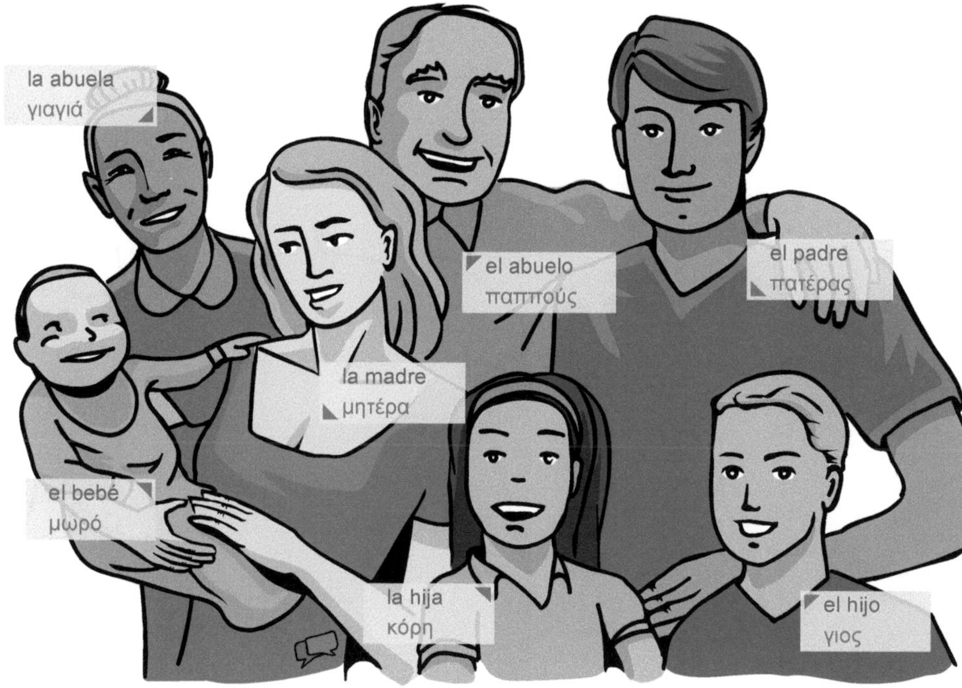

la abuela
γιαγιά
el abuelo
παππούς
el padre
πατέρας
la madre
μητέρα
el bebé
μωρό
la hija
κόρη
el hijo
γιος


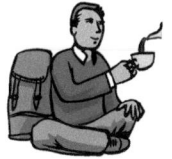

el invitado

καλεσμένος

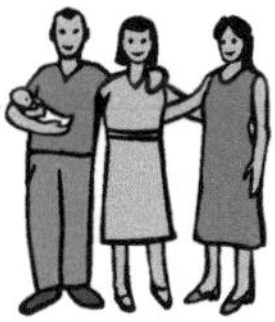

la tía

θεία

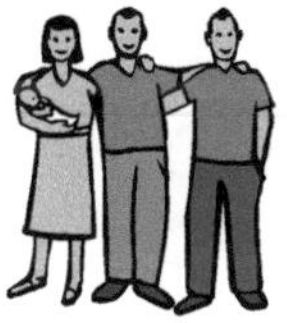

el tío

θείος

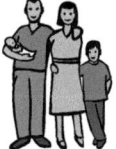

el hermano

αδελφός

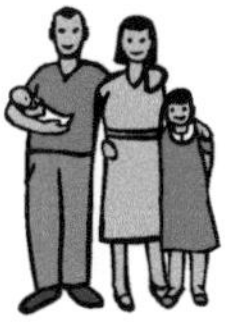

la hermana

αδελφή

# el cuerpo
## σώμα

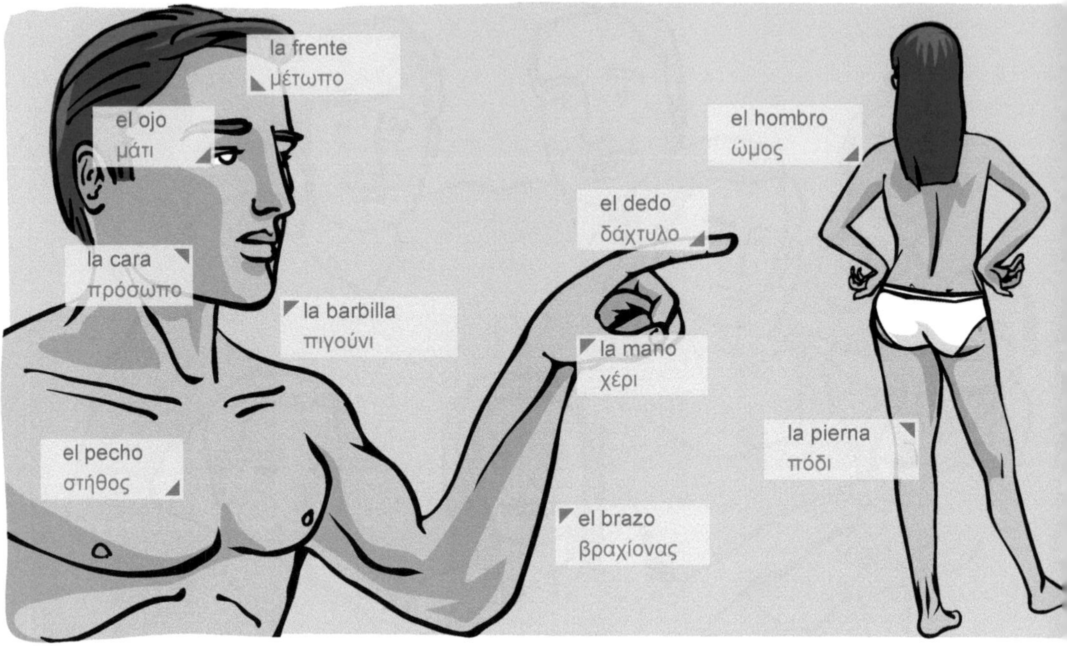

la frente
μέτωπο

el ojo
μάτι

el hombro
ώμος

el dedo
δάχτυλο

la cara
πρόσωπο

la barbilla
πιγούνι

la mano
χέρι

el pecho
στήθος

la pierna
πόδι

el brazo
βραχίονας

el bebé

μωρό

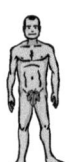

el hombre

άνδρας

la mujer

γυναίκα

la chica

κορίτσι

el chico

αγόρι

la cabeza

κεφάλι

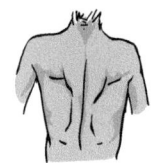

la espalda

πλάτη

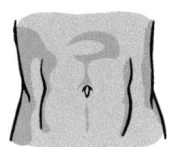

el vientre

κοιλιά

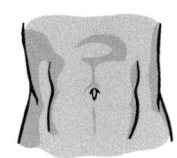

el ombligo

αφαλός

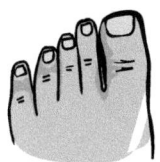

el dedo del pie

δάχτυλο ποδιού

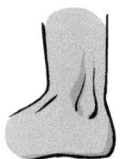

el talón

φτέρνα

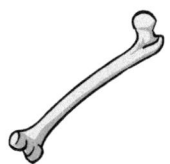

el hueso

κόκκαλο

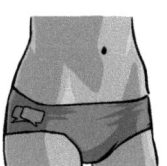

la cadera

γοφός

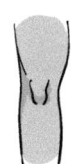

la rodilla

γόνατο

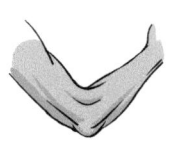

el codo

αγκώνας

la nariz

μύτη

el trasero

γλουτός

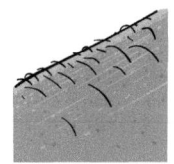

la piel

δέρμα

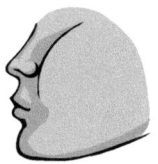

la mejilla

μάγουλο

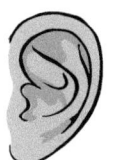

el oído

αυτί

el labio

χείλος

el cuerpo - σώμα

la boca

στόμα

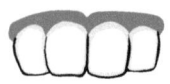

el diente

δόντι

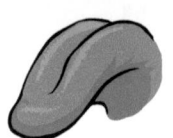

la lengua

γλώσσα

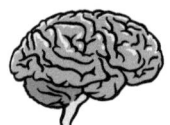

el cerebro

εγκέφαλος

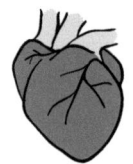

el corazón

καρδιά

el músculo

μυς

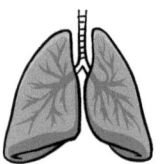

el pulmón

πνεύμονας

el hígado

συκώτι

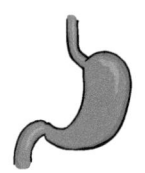

el estómago

στομάχι

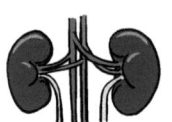

los riñones

νεφρά

el sexo

σεξουαλική επαφή

el condón

προφυλακτικό

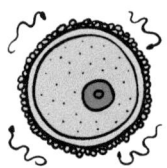

el ovario

ωάριο

el semen

σπέρμα

el embarazo

εγκυμοσύνη

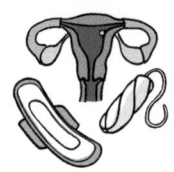

la menstruación

περίοδος

la vagina

γυναικείος κόλπος

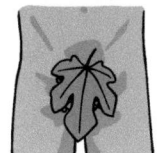

el pene

πέος

la ceja

φρύδι

el pelo

μαλλιά

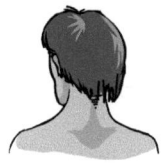

el cuello

λαιμός

# el hospital
# νοσοκομείο

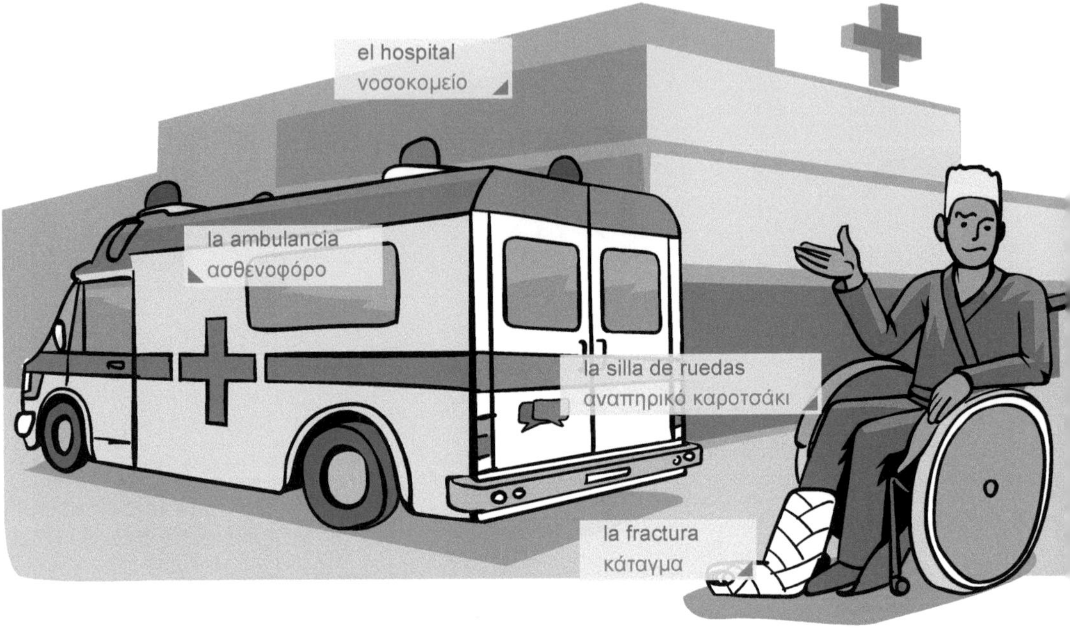

el hospital
νοσοκομείο
la ambulancia
ασθενοφόρο
la silla de ruedas
αναπηρικό καροτσάκι
la fractura
κάταγμα

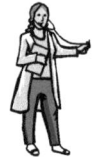

el médico

γιατρός

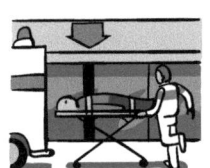

la sala de urgencias

μονάδα εντατικής θεραπείας

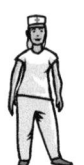

la enfermera

νοσοκόμα

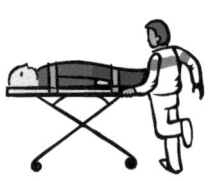

la urgencia

έκτακτη ανάγκη

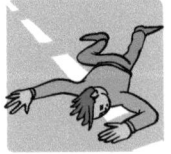

inconsciente

λιπόθυμος

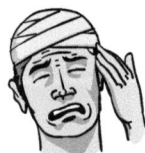

el dolor

πόνος

la lesión

τραύμα

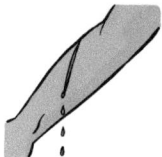

la hemorragia

αιμορραγία

el infarto

έμφραγμα

el ictus

εγκεφαλικό

la alergia

αλλεργία

la tos

βήχας

la fiebre

πυρετός

la gripe

γρίπη

la diarrea

διάρροια

el dolor de cabeza

πονοκέφαλος

el cáncer

καρκίνος

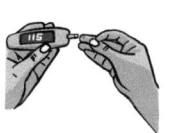

la diabetes

διαβήτης

el cirujano

χειρουργός

el bisturí

νυστέρι

la operación

εγχείρηση

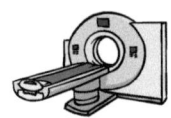

TAC

αξονική τομογραφία

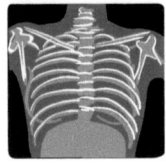

los rayos x

ακτινογραφία

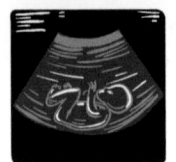

el ultrasonido

υπέρηχος

la mascarilla

μάσκα

la enfermedad

ασθένεια

la sala de espera

αίθουσα αναμονής

la muleta

πατερίτσα

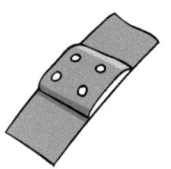

la tirita

χάνσαπλαστ

la venda

επίδεσμος

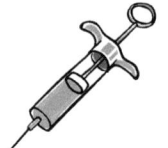

la inyección

ένεση

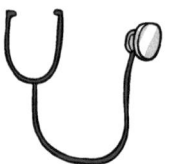

el estetoscopio

στηθοσκόπιο

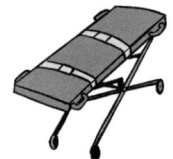

la camilla

φορείο

el termómetro

θερμόμετρο

el nacimiento

γέννηση

el sobrepeso

υπέρβαρο

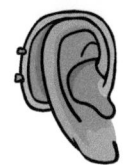

el audífono

ακουστικό βαρηκοΐας

el desinfectante

αντισηπτικό

la infección

λοίμωξη

el virus

ιός

VIH / SIDA

HIV/AIDS

la medicina

φάρμακο

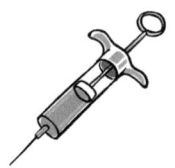

la vacunación

εμβολιασμός

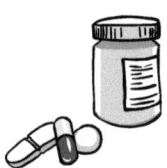

las tabletas

δισκία

la pastilla

χάπι

la llamada de urgencia

κλήση έκτακτης ανάγκης

el tensiómetro

πιεσόμετρο αίματος

enfermo / sano

άρρωστος / υγιής

¡Socorro!
Βοήθεια!

la alarma
συναγερμός

el asalto
βιαιοπραγία

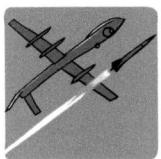

el ataque
επίθεση

el peligro
κίνδυνος

la salida de emergencia
έξοδος κινδύνου

¡Fuego!
Φωτιά!

el extintor de incendios
πυροσβεστήρας

el accidente
ατύχημα

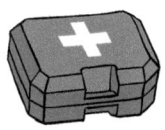

el botiquín de primeros
auxilios
κουτί πρώτων βοηθειών

SOS
SOS

la policía
αστυνομία

Europa

Ευρώπη

Norteamérica

Βόρεια Αμερική

Sudamérica

Νότια Αμερική

África

Αφρική

Asia

Ασία

Australia

Αυστραλία

el atlántico

Ατλαντικός Ωκεανός

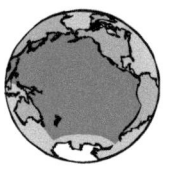

el Pacífico

Ειρηνικός Ωκεανός

el Océano Índico

Ινδικός Ωκεανός

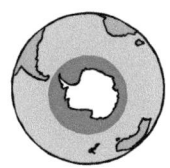

el Océano Antártico

Ανταρκτικός Ωκεανός

el Océano Ártico

Αρκτικός Ωκεανός

el polo norte

Βόρειος Πόλος

el polo sur

Νότιος Πόλος

La Antártida

Ανταρκτική

la tierra

Γη

la tierra

γη

el mar

θάλασσα

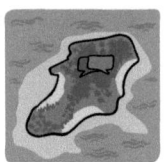

la isla

νησί

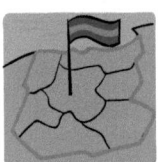

la nación

έθνος

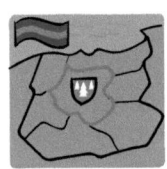

el estado

πολιτεία

la esfera

καντράν ρολογιού

la manecilla de las horas

ωροδείκτης

el minutero

λεπτοδείκτης

el segundero

δείκτης δευτερολέπτων

¿Qué hora es?

Τι ώρα είναι;

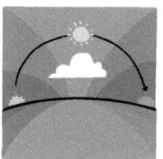

el día

ημέρα

el tiempo

χρόνος

ahora

τώρα

el reloj digital

ψηφιακό ρολόι

el minuto

λεπτό

la hora

ώρα

# la semana
## εβδομάδα

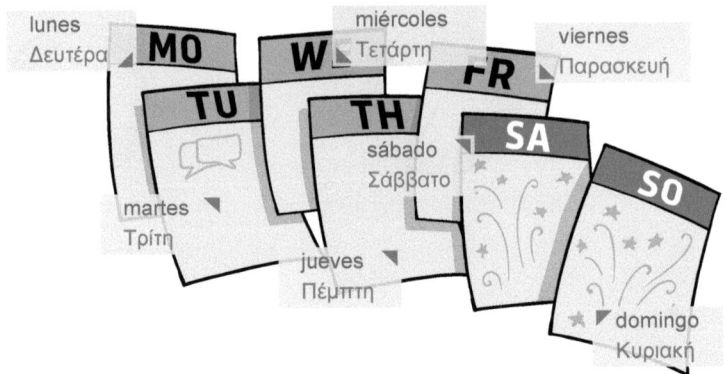

lunes / Δευτέρα
miércoles / Τετάρτη
viernes / Παρασκευή
martes / Τρίτη
jueves / Πέμπτη
sábado / Σάββατο
domingo / Κυριακή

ayer
χθες

hoy
σήμερα

mañana
αύριο

la mañana
πρωί

el mediodía
μεσημέρι

la tarde
βράδυ

los días laborables
εργάσιμες ημέρες

el fin de semana
Σαββατοκύριακο

# el año

## έτος

la lluvia
βροχή
el arcoíris
ουράνιο τόξο
la nieve
χιόνι
el viento
άνεμος
la primavera
άνοιξη
el otoño
φθινόπωρο
el verano
καλοκαίρι
el invierno
χειμώνας


4.APRIL 11°
5.APRIL 4°
6.APRIL 13°
7.APRIL 8°
8.APRIL 10°


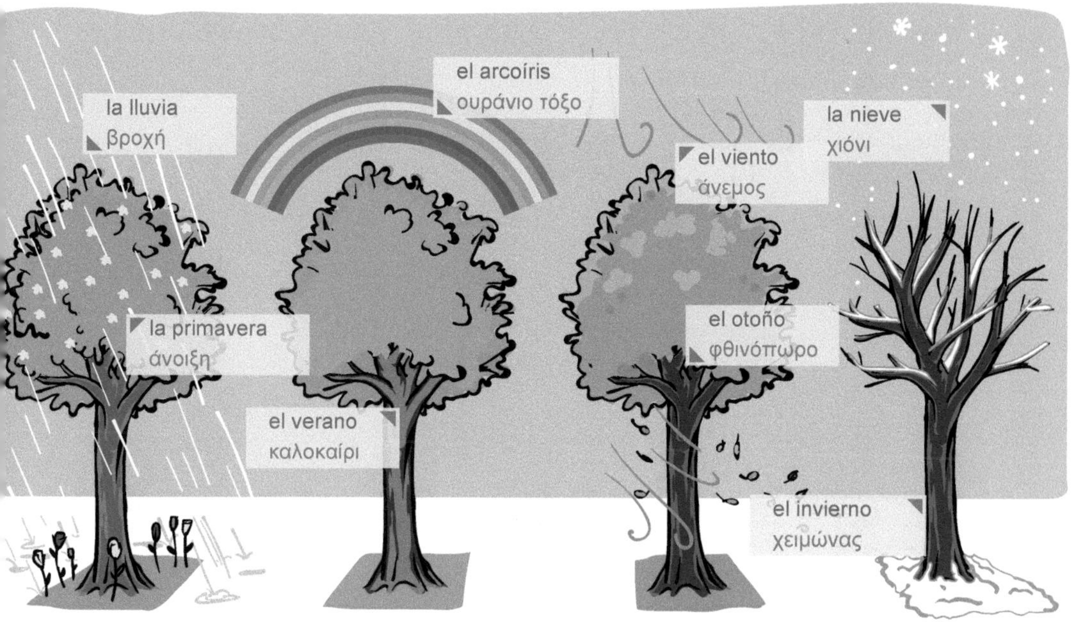

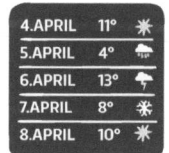

el pronóstico del tiempo

πρόγνωση καιρού

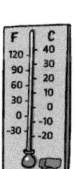

el termómetro

θερμόμετρο

el sol

λιακάδα

la nube

σύννεφο

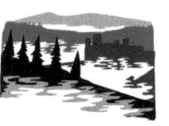

la niebla

ομίχλη

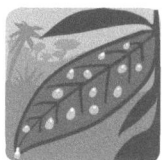

la humedad

υγρασία

el rayo

αστραπή

el trueno

κεραυνός

la tormenta

καταιγίδα

el granizo

χαλάζι

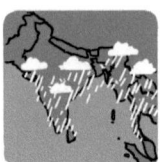

el monzón

μουσώνας

la inundación

πλημμύρα

el hielo

πάγος

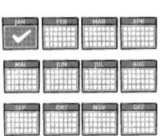

enero

Ιανουάριος

febrero

Φεβρουάριος

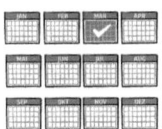

marzo

Μάρτιος

abril

Απρίλιος

mayo

Μάιος

junio

Ιούνιος

julio

Ιούλιος

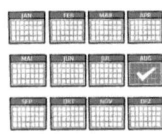

agosto

Αύγουστος

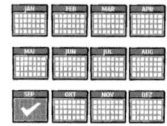

septiembre

Σεπτέμβριος

octubre

Οκτώβριος

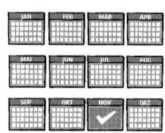

noviembre

Νοέμβριος

diciembre

Δεκέμβριος

## las formas

## σχήματα

el círculo

κύκλος

el cuadrado

τετράγωνο

el rectángulo

ορθογώνιο
παραλληλόγραμμο

el triángulo

τρίγωνο

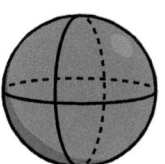

la esfera

σφαίρα

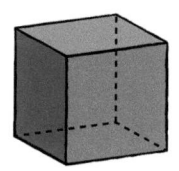

el cubo

κύβος

blanco
άσπρο

amarillo
κίτρινο

anaranjado
πορτοκαλί

rosa
ροζ

rojo
κόκκινο

morado
μωβ

azul
μπλε

verde
πράσινο

marrón
καφέ

gris
γκρι

negro
μαύρο

mucho / poco

πολύ / λίγο

enojado / tranquilo

θυμωμένος / ήρεμος

bonito / feo

όμορφος / άσχημος

principio / fin

αρχή / τέλος

grande / pequeño

μεγάλος / μικρός

claro / oscuro

φωτεινός / σκοτεινός

el hermano / la hermana

αδελφός / αδελφή

limpio / sucio

καθαρός / λερωμένος

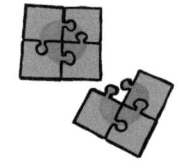

completo / incompleto

πλήρης / ατελής

el día / la noche

ημέρα / νύχτα

muerto / vivo

νεκρός / ζωντανός

ancho / estrecho

φαρδύς / στενός

comestible / no comestible

βρώσιμος / μη βρώσιμος

malo / amable

κακός / ευγενικός

entusiasmado / aburrido

ενθουσιασμένος /
βαριεστημένος

gordo / delgado

παχύς / λεπτός

primero / último

πρώτος / τελευταίος

el amigo / el enemigo

φίλος / εχθρός

lleno / vacío

γεμάτος / άδειος

duro / blando

σκληρός / μαλακός

pesado / ligero

βαρύς / ελαφρύς

el hambre / la sed

πείνα / δίψα

enfermo / sano

άρρωστος / υγιής

ilegal / legal

παράνομος / νόμιμος

inteligente / tonto

έξυπνος / χαζός

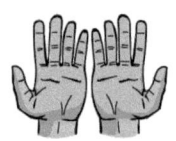

izquierda / derecha

αριστερός / δεξιός

cerca / lejos

κοντινός / μακρινός

**nuevo / usado**

καινούριος /
μεταχειρισμένος

**nada / algo**

τίποτα / κάτι

**viejo / joven**

γέρος | νέος

**encendido / apagado**

αναμμένος / σβηστός

**abierto / cerrado**

ανοιχτός / κλειστός

**silencioso / ruidoso**

χαμηλόφωνος /
μεγαλόφωνος

**rico / pobre**

πλούσιος / φτωχός

**correcto / incorrecto**

σωστός / λανθασμένος

**áspero / suave**

τραχύς / λείος

**triste / contento**

λυπημένος / χαρούμενος

**corto / largo**

κοντός / μακρύς

**lento / rápido**

αργός / γρήγορος

**húmedo / seco**

υγρός / στεγνός

**cálido / frío**

ζεστός / δροσερός

**guerra / paz**

πόλεμος / ειρήνη

**los opuestos - αντίθετα**

**0**

cero

μηδέν

**1**

uno

ένα

**2**

dos

δύο

**3**

tres

τρία

**4**

cuatro

τέσσερα

**5**

cinco

πέντε

**6**

seis

έξι

**7**

siete

εφτά

**8**

ocho

οκτώ

**9**

nueve

εννιά

**10**

diez

δέκα

**11**

once

έντεκα

**12**

doce

δώδεκα

**13**

trece

δεκατρία

**14**

catorce

δεκατέσσερα

**15**

quince

δεκαπέντε

**16**

dieciséis

δεκαέξι

**17**

diecisiete

δεκαεφτά

**18**

dieciocho

δεκαοκτώ

**19**

diecinueve

δεκαεννέα

**20**

veinte

είκοσι

**100**

cien

εκατό

**1.000**

mil

χίλια

**1.000.000**

el millón

εκατομμύριο

el inglés

Αγγλικά

el inglés americano

Αμερικάνικα Αγγλικά

el chino madarín

Μανδαρίνικα Κινέζικα

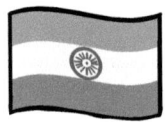

el hindi

Χίντι

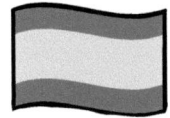

el español

Ισπανικά

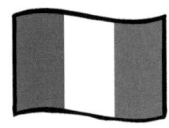

el francés

Γαλλικά

el árabe

Αραβικά

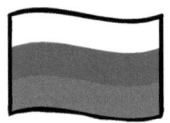

el ruso

Ρώσικα

el portugués

Πορτογαλικά

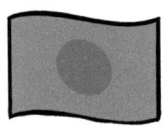

el bengalí

Μπενγκάλι

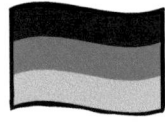

el alemán

Γερμανικά

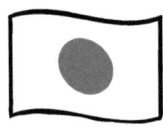

el japonés

Ιαπωνικά

yo

εγώ

tú

εσύ

él / ella / ello

αυτός / αυτή / αυτό

nosotros/as

εμείς

vosotros/as

εσείς

ellos/as

αυτοί / αυτές / αυτά

¿quién?

ποιος / ποια / ποιο;

¿qué?

τι;

¿cómo?

πώς;

¿dónde?

πού;

¿cuándo?

πότε;

el nombre

όνομα

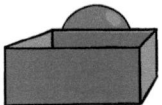

detrás

πίσω

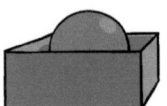

en

μέσα

delante de

μπροστά

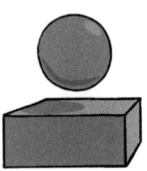

por encima de

πάνω από

sobre

πάνω

debajo de

κάτω

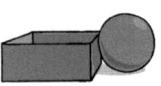

junto a

δίπλα

entre

ανάμεσα

el lugar

μέρος